Gatos

(casi) una historia natural

Paola Valsecchi

Gatos
(casi) una historia natural

Traducción de Carmen Ternero Lorenzo

Alianza editorial
El libro de bolsillo

Título original: *Non dire gatto: Una storia naturale, e no*

Los ingresos obtenidos por la autora con la venta de este libro se destinarán íntegramente, por deseo expreso de la misma, a la asociación Oasi 44 gatti odv, refugio felino de Italia.

Primera edición:2024
Primera reimpresión: octubre de 2024

Diseño de colección: Estrada Design
Diseño de cubierta: Manuel Estrada
Ilustración de cubierta: Gato Maine Coon de color gris. © Getty Images / Christian Schweitz
Selección de imagen: Carlos Caranci Sáez

© 2022 by Società editrice il Mulino, Bologna
© de la traducción: Carmen Ternero Lorenzo, 2024
© Alianza Editorial, S. A., Madrid, 2024
   Calle Valentín Beato, 21
   28037 Madrid
   www.alianzaeditorial.es

PAPEL DE FIBRA
CERTIFICADA

ISBN: 978-84-1148-561-6
Depósito legal: M. 59-2024
Printed in Spain

Si quiere recibir información periódica sobre las novedades de Alianza Editorial, envíe un correo electrónico a la dirección: alianzaeditorial@anaya.es

Índice

Índice

*A mi madre, que me ha transmitido el amor,
la pasión y la curiosidad
por todos los animales sin distinción,
y a mis favoritas, Tris y Micia,
de las que me gusta pensar que por fin sean amigas.*

Prólogo

Mi padre nunca quiso animales, no estaba en su ADN, mientras que mi madre, que había crecido entre perros, gatos, patos y gallinas aunque viviera en la ciudad, siempre ha sido mi compinche cuando quería meter algún animal en casa. El perro llegó cuando yo tenía diez años; era el típico «chucho», un perro callejero del pueblo al que nos habíamos mudado para tener un jardín. Apenas le dejaban entrar en la casa, y él, que a su pesar se había acostumbrado a vivir en la calle, lo aceptaba. Y, bueno, lo del gato fue distinto, porque mi madre hablaba siempre de su gata, que dormía en la cocina, donde la abuela le ofrecía suculentos bocados. Pero mi padre era inflexible: nada de gatos en casa. Aun así, la casualidad también desempeñó su papel, y un día, cuando mi hermano volvía del colegio, se encontró un gatito hecho un ovillo en una esquina y, al ver que podían atropellarlo, no quiso dejarlo allí. Una vez en casa, estaba claro que el pequeñín no podía quedarse solo en el jardín, así que nos deja- ron tenerlo en una habitación «momentáneamente, a la espera de encontrarle una casa». Nos faltaba poquísimo para conseguirlo. El minino era un soriano macho[*] y, desbordando imaginación, lo llamé Micio (Micho). Te- nía la colita fina y el pelo todavía «lanoso», típico de los gatitos de menos de dos meses. Mi padre empezó a cogerle cariño enseguida, pero seguía sin acostumbrarse del todo: cuando entraba por la mañana en la habitación para abrir la persiana y el gatito salía de pronto de deba- jo de los muebles, mi padre se quejaba, ¡diciendo que lo había «atacado»! Resumiendo, Micio se quedó con no- sotros, y al ir creciendo fue expresando una personali- dad muy fuerte e independiente. Se quedaba en casa el tiempo estrictamente necesario para disfrutar de unos cuantos mimos, la comida y un buen descanso antes de salir al jardín en busca de otros gatos, pequeñas presas y demás. A veces era tan poco simpático ¡que mis herma- nos le pusieron un mote que no se puede publicar! Mi- cio fue el primero de una larga serie de gatos y gatas que han formado parte de nuestra familia durante muchos años, con lo que pude descubrir y amar la otra mitad del cielo. De hecho, soy una de las tantas personas que aprecian la diversidad de perros y gatos y son incapa- ces de «decantarse» por unos o por otros, como sí ha- cen otras muchas personas que se declaran «perrunas» o «gatunas».

---

[*] Se conoce como «gato soriano» a un tipo de gato atigrado o mestizo cuyo nombre deriva del topónimo *Suriya* (Siria, en árabe). *(N. del E.)*

En este libro, primero hablaremos sobre pequeños y grandes felinos que nos fascinan por su belleza y nos intimidan por su fuerza y ferocidad. Aprenderemos sobre leones, leopardos, guepardos y pumas, y seguiremos el camino evolutivo del gato doméstico, que pasó de ser una pequeña «fiera» exterminadora de los roedores que esquilmaban las reservas de nuestros antepasados a convertirse en un animal «de salón», integrado en la comunidad humana. De su historia –hecha de claroscuros, considerado una divinidad o la personificación del diablo– tocaremos algunas etapas fundamentales para comprender hasta qué punto sigue siendo un animal esquivo y misterioso, un animal con el que no hay medias tintas por ser amado o detestado «sin condiciones y sin peros». Nos adentraremos en la vida que el gato lleva en los múltiples entornos que le ofrecen tanto el ser humano como la naturaleza: el gato como ciudadano libre en las colonias urbanas; el gato de campo, que mantiene la granja sin ratones ni ratas, o al menos lo intenta; el gato feral, que en Australia y otros lugares del mundo ha retomado su vida solitaria, con lo que está provocando un grave riesgo para la supervivencia de la pequeña fauna autóctona, y el gato que vive en casa, cazando moscas e insectos. Gracias a la investigación científica, trataremos de descubrir algunos secretos sobre el lenguaje corporal, los miles de matices acústicos ocultos entre maullidos y ronroneos y todo un mundo de olores con los que los gatos se comunican entre sí sin que nosotros lo sepamos: todo lo que necesitamos saber para intentar comprender su naturaleza íntima y las extraordinarias capacidades sensoriales

que lo hacen ser un pequeño tigre en el sofá, un pequeño déspota que nos obliga a despertarnos en mitad de
la noche para satisfacer su refinado paladar o que
disfruta tendiéndonos emboscadas desde detrás de las
cortinas para mantenerse entrenado. También aborda-
remos temas recientes, como el acalorado debate entre
zoólogos, etólogos, defensores de los derechos de los
animales y dueños de gatos sobre la libertad de movimientos que se les debe permitir: ¿debemos dejar que
los gatos vivan al aire libre, ejerciendo una presión cinegética nada desdeñable sobre la fauna, o deben permanecer confinados entre las paredes de casa? Con datos en mano, intentaremos comprender las razones de
unos y otros, sin olvidar que nosotros somos los responsables del bienestar de nuestros gatos y la protección de los gatos salvajes. Hablaremos asimismo de las
colonias urbanas y la plasticidad social de los gatos, de
la protección que, al menos sobre el papel, les brinda la
ley. Todo ello sin olvidar las necesidades del gato doméstico y cómo podemos garantizarle una vida buena
e interesante aun viviendo en un piso. El objetivo es
llegar a apreciar la alteridad felina, que, comparada
con la canina, toca cuerdas distintas de nuestra naturaleza animal.

Quiero mostrar mi agradecimiento en primer lugar a mi
amiga y colega Eugenia Natoli, por las largas charlas sobre gatos y por todas las experiencias y anécdotas que
me contó y que enriquecieron el texto, con el único pesar de que nunca hayamos investigado juntas sobre gatos
(pero no es demasiado tarde). Le dedico un agradeci-

miento especial a Chiara Canori, que dibujó hábilmente lo que de forma confusa le había pedido para ilustrar el proceso de domesticación del gato y las facetas de su vida social. Les doy las gracias a mis colegas Luca Bonini y Gianni Pavan por ayudarme a desentrañar temas como la neurociencia y la bioacústica. Gracias al bibliotecario Stefano Pettinel, que me buscó unas joyas bibliográficas que yo no habría podido encontrar. Por último, debo dar las gracias una vez más a Francesca Bertuzzi, de Il Mulino, que creyó en este libro desde el principio, por su amistad, su ayuda y su apoyo, que nunca me han faltado.

1. *Big cats, small cats*

Leones, leopardos, tigres y jaguares, los llamados «grandes felinos» *(big cats),* y muchos otros «pequeños felinos» *(small cats),* como ocelotes, caracales, linces y guepardos, son los protagonistas de este primer capítulo, en el que recorreremos el camino de la evolución que ha desembocado en el género *Felis,* al que pertenece el gato doméstico, e intentaremos reconstruir el proceso de domesticación y difusión en el mundo de este pequeño felino, que conserva marcados rasgos «salvajes» que lo convierten en el menos doméstico entre los domésticos.

Carnívoros: una historia de éxito

La familia de los félidos pertenece al orden de los carnívoros, que también incluye a la familia de los cánidos, y desciende de un grupo de pequeños mamíferos del bosque llamados «miácidos» (género *Miacis)* que se extendieron por Norteamérica y Eurasia entre el Paleoceno y el Eoceno, hace unos 60 millones de años. La fauna y la flora de la Tierra se estaban recuperando de la extinción masiva que había provocado la catastrófica caída de un enorme meteorito frente a las costas de Yucatán (México) unos 5 millones de años antes. Los desastrosos efectos de ese impacto (lluvia de lapilli, nubes tóxicas, maremotos y tsunamis) acabaron con cerca del 75 % de las especies vivas, incluidos los reptiles que entonces dominaban la tierra, el cielo y el mar: los dinosaurios, los pterosaurios, los ictiosaurios y los plesiosaurios. No les fue mejor a las aves ni a los mamíferos, que perdieron la mayor parte de las formas presentes en el Mesozoico. Los que lograron escapar de la extinción tampoco lo tuvieron fácil, aunque se cree que las formas pequeñas y las que pudieron reproducirse rápidamente gozaron de ciertas ventajas y pudieron diversificarse ocupando nichos ecológicos que quedaron libres (radiación adaptativa). Los mamíferos resurgieron en muchas formas, grandes y pequeñas, la mayoría de las cuales se extinguieron, pero los miácidos, que tenían un cuerpo alargado con patas cortas y eran ágiles trepadores parecidos a las martas actuales, vivieron unos 30 millones de años y dejaron una descendencia que se remonta a dos grupos principales: los caniformes (nueve familias vivas: cánidos, úrsidos, ailúridos, mefítidos, prociónidos, mustélidos, otarios, fócidos y odobénidos) y los feliformes (seis familias vivas: félidos, eupléridos, herpéstidos, vivérridos, hiénidos y la civeta africana de las palmeras, la única de la familia *Nandiniidae).* Tal vez estéis pensando que me estoy remontando muy atrás para hablar del gato doméstico, pero me parece fascinante seguir todas estas etapas y descubrir que ¡los perros y los gatos comparten un único ancestro! A lo largo de millones de años se han diferenciado al ir adaptándose a muchos nichos distintos gracias a la alternancia de periodos glaciares e interglaciares del Cuaternario, que dio lugar, a medida que se abrían y cerraban puentes terrestres, a fases de migración alternadas con fases de aislamiento reproductivo. Así, los caniformes han desarrollado ciertas características, como un pelaje de color uniforme, garras generalmente no retráctiles, locomoción predominantemente plantígrada, una dieta no estrictamente carnívora, o incluso omnívora, y un cráneo alargado con numerosos dientes, mientras que los feliformes han desarrollado un pelaje con patrones de colores distintos (rayas, manchas), garras protráctiles, locomoción digitígrada, una dieta hipercarnívora y un cráneo más corto y redondeado y con menos dientes.

Nosotros nos centraremos en los feliformes, y en la familia de los félidos en particular, para conocer a nuestra pequeña «fiera» doméstica: *Felis catus,* uno de los carnívoros de más éxito de la Tierra, que vive en todas partes salvo en la Antártida y alguna que otra remota isla oceánica. Los gatos sobreviven en hábitats extremos, como el desierto del Sahara o las islas subantárticas, ¡independientemente de que los cuiden y alimenten los humanos! En todo el mundo, al menos 500 millones de gatos viven como mascotas bien integradas en la familia humana, mientras que hay millones que viven como gatos callejeros en las ciudades y el campo o que son gatos ferales, es decir, no dependen de los humanos para sobrevivir. Así pues, ha llegado la hora de ahondar en el pasado de esta gran historia de éxito.

La familia de los félidos agrupa especies que comparten un esquema corporal que ha permanecido prácticamente inalterado durante 20 millones de años. Si bien sus características generales son uniformes dentro de la familia, hay que señalar que los félidos pueden variar mucho en tamaño y peso: basta decir que pertenecen a la familia el enorme tigre siberiano, *Panthera tigris altaica* (de 200 a 325 kg), el pequeño gato patinegro de Sudáfrica, *Felis nigripes* (de 1 a 2 kg), y el minúsculo gato herrumbroso, *Prionailurus rubiginosus* (menos de 1 kg), de la India y Sri Lanka. Probablemente, el hecho de que todos sean depredadores de emboscada –aunque de presas de tamaños muy distintos, como es lógico– y la rápida evolución a la que se han visto sometidos han limitado su capacidad para diferenciarse ocupando nichos muy distintos. En consecuencia, todos los félidos son depredadores extremadamente silenciosos gracias a sus patas, con almohadillas carnosas muy desarrolladas y garras protráctiles que se retraen y protegen en una funda de piel cuando no las utilizan para cazar o defenderse (con la única excepción del guepardo, que incluso en reposo mantiene expuestas las puntas de las garras; se cree que de este modo se agarra al suelo, lo que garantiza su impresionante aceleración), y tienen un cuerpo robusto, pero sinuoso y flexible, que les permite moverse ágilmente tanto en el bosque como en la sabana y dar grandes saltos tanto en longitud como en altura.

La mayoría de los félidos son animales solitarios. Se vuelven más activos al anochecer, para cazar en ausencia de luz gracias a un sentido muy desarrollado del oído, el olfato y la vista que les permite capturar presas incluso en la oscuridad. Tienen las garras (cinco en las patas delanteras y cuatro en las traseras) y los dientes (entre veintiocho y treinta) afilados para aferrar y sujetar a sus desafortunadas presas, a las que asfixian o matan con un mordisco letal: al ser carnívoros obligados (hipercarnívoros), se alimentan exclusivamente de carne.

Su viaje evolutivo comenzó hace unos 30 millones de años en Eurasia, y el que se considera el félido más antiguo, *Proailurus lemanensis,* apareció tras la extinción europea conocida como la Gran Ruptura de Stehlin, que marcó la transición del Eoceno al Oligoceno. Así, podemos imaginar que hace unos 33,9 millones de años, en una vasta zona de bosque subtropical que hoy corresponde al territorio de Quercy (Francia), merodeaba un *Proailurus lemanensis,* ancestro de todos los felinos vivos y extintos. Era poco más grande que un gato doméstico y tenía un cuerpo alargado y una cola aún más larga, además de un hocico que ya presentaba el acortamiento típico de los félidos, aunque aún conservaba todos los dientes característicos de los carnívoros primitivos. Sus patas eran más cortas que las de un félido moderno y tenía una postura en transición entre plantígrada y digitígrada. Se cree que tenía hábitos de vida semiarborícolas. El análisis estratigráfico de los niveles correspondientes al sistema de los mamíferos del Paleógeno data este y otros fósiles presentes en la zona en 28,5 millones de años; el espécimen fósil más joven se ha hallado en Laugnac (Francia), y data de más de 20 millones de años.

De *Proailurus* divergen dos líneas evolutivas: la que a partir de *Pseudaelurus* llevará al tigre dientes de sable (subfamilia Machairodontinae, todos extintos) y la que a partir de *Styriofelis* desembocará en los félidos vivos (subfamilia Felinae). En realidad, la línea evolutiva no está del todo clara desde el punto de vista filogenético, pero, dejando de lado algunas cuestiones técnicas que reservaremos para los especialistas, a partir del registro fósil podemos afirmar con certeza que *Pseudaelurus* fue un félido de gran éxito. De hecho, se diferenció en más de doce especies de depredadores tan grandes como un leopardo o un tigre, que se adaptaron a vivir y cazar en los ambientes de sabana que se iban difundiendo cada vez más debido al cambio climático. *Pseudaelurus* mostraba una reducción en el número de molares y caninos de sable incipientes, y además tenía la flexibilidad de la columna vertebral típica de *Proaiulurs,* pero era completamente digitígrado. El fósil de *Pseudaelurus* se encontró por primera vez en sedimentos datados hace entre 20 y 18 millones de años en Wintershof (Alemania), y en Europa se conocen cuatro especies de *Pseudaelurus* cuyo tamaño oscilaba entre el de un gato montés moderno y el de un lince o un puma pequeño. Hace unos 9 millones de años, gracias a la aparición de un puente de tierra en el estrecho de Bering, *Pseudaelurus* colonizó Norteamérica y, más tarde, Sudamérica, dando lugar a un género que también es muy conocido por el gran público debido a los numerosos documentales y películas en los que aparece: *Smilodon* (el «feroz» Diego que quería comerse al pequeño humano en la película de animación *La Edad de Hielo).*

Smilodon (en realidad se conocen tres especies distintas) era más robusto que cualquier otro felino existente, con las extremidades anteriores especialmente bien desarrolladas y los caninos superiores excepcionalmente largos y curvados. La apertura de la mandíbula era muy amplia, de 120°, pero los fenomenales dientes de sable, comprimidos lateralmente, eran frágiles y podían romperse con facilidad. Se cree que *Smilodon,* que pudo cazar en grupo, acechaba tratando de agarrar con los dientes a la presa, a la que dejaba desangrarse hasta morir para luego poder devorarla en paz, pero la fragilidad de los dientes hace difícil comprender cómo los utilizaban realmente. *Smilodon* vivió hasta hace 10.000 años y se extinguió, junto con la mayor parte de la megafauna americana, debido a una combinación de causas, como el continuo cambio climático, que posiblemente provocó el declive de sus presas preferidas (grandes ungulados, como el antiguo bisonte, *Bison antiquus,* y el camello gigante, *Paracamelus gigas,* en Norteamérica, y *Toxodon* y otros ungulados extintos, en Sudamérica), y la aparición de otras especies de depredadores más oportunistas y menos especializadas. Estos formidables depredadores convivieron con los humanos, y no se puede descartar que nuestros predecesores también desempeñaran un papel en su extinción. *Smilodon* no fue el único género de este grupo descendiente de *Pseudaelurus* que tuvo éxito: desde el Mioceno hasta el Plio-Pleistoceno, muchos otros géneros de grandes depredadores se extendieron por Eurasia, América y África (pasando por el mar Rojo), como *Machairodus, Amphimachairodus, Metailurus, Homotherium, Dinobastis, Xenosmilus* y *Megantereon,* siendo todos ellos variaciones de un «tigre» robusto con patas más o menos largas y caninos más o menos largos y curvados; tigres con dientes de sable, que en realidad no son tigres porque pertenecen a una rama distinta de la que dio lugar a los felinos vivientes, es decir, tigres, leones, leopardos, jaguares y gatos, ¡muchos gatos!

El primer felino de nuestra historia se llama *Styriofelis* y vivió en Europa entre el Mioceno inferior y superior (hace entre 16 y 8 millones de años). *Styriofelis* debió de ser muy parecido al ocelote actual *(Leopardus pardalis)*, es decir, un felino de tamaño pequeño o mediano. El hocico seguía siendo bastante largo en comparación con el de las formas actuales y aún presentaba los dientes molares y premolares que desaparecerían a lo largo de la evolución felina. *Styriofelis,* del que se han reconocido tres especies, tenía un cuerpo esbelto y alargado, con una cola igualmente desarrollada y patas adaptadas a la locomoción digitígrada. Aunque la historia fósil de estos descendientes de *Proailurus* es menos conocida que la de los tigres dientes de sable, podemos reconstruir con un grado considerable de certeza la trayectoria evolutiva a lo largo de los últimos 11 millones de años de las ocho líneas de descendencia de *Styriofelis*.

Leones, panteras, tigres y gatos, ¡muchos gatos!

Comenzaremos diciendo que las treinta y ocho o cuarenta especies vivas de felinos reconocidas actualmente por los especialistas se han dividido tradicionalmente en dos subfamilias: los panterinos y los felinos, es decir, los «grandes felinos» y los «pequeños felinos». La distinción se hizo sobre la base de una característica morfológica presente en los panterinos pero no en los felinos: la presencia de un ligamento elástico en el aparato hioideo bajo la lengua que permitiría a los panterinos rugir pero no ronronear, mientras que los felinos, sin este ligamento, pueden ronronear pero no rugir. Otros estudios han demostrado que la capacidad de rugir de algunos de los grandes felinos viene determinada por las características de las cuerdas vocales de la laringe, que son largas, carnosas y elásticas y les permiten rugir, mientras que las de los felinos, más simples, les permiten ronronear. No obstante, aunque todo esto resulta interesante, ha sido superado por la acumulación de datos genéticos, con los que se han podido reconstruir mejor las relaciones de parentesco entre las especies agrupándolas en ocho líneas de descendencia que han ido apareciendo a lo largo de varios millones de años.

El linaje más antiguo entre los felinos vivos es Panthera *(Panthera lineage)*, que se separó del ancestro común hace unos 10,8 millones de años e incluye cinco especies muy conocidas y carismáticas: el león *(Panthera leo)*, el leopardo *(Panthera pardus)*, el jaguar *(Panthera onca)*, el tigre *(Panthera tigris)* y el leopardo de las nieves *(Panthera uncia)*, y otras dos especies menos conocidas: la pantera nebulosa *(Neofelis nebulosa)* y la pantera nebulosa de Borneo *(Neofelis diardi)*. Si bien estuvieron presentes en prácticamente todos los continentes, Asia, América del Norte y del Sur, Europa y África, ahora están todos en peligro de extinción (recuadro 1).

El segundo linaje que hay que diferenciar es Catopuma *(Bay Cat lineage)*, del sudeste asiático hace unos 9,4 millones de años, que cuenta con tres especies pertenecientes a dos géneros: *Catopuma* y *Pardofelis*. Se trata de especies que habitan en los bosques y que son realmente poco conocidas por el gran público, y también poco estudiadas: el gato dorado asiático o gato dorado de Temminck *(Catopuma temminckii)*, el gato de Borneo o gato de la bahía *(Catopuma badia)* y el gato jaspeado *(Pardofelis marmorata)*. El escaso conocimiento de estas especies dificulta la evaluación de su estado de conservación, pero, en mayor o menor grado, están todas en peligro de extinción.

El tercer linaje que se separó del ancestro común es Caracal *(Caracal lineage)*, que durante la primera glaciación cuaternaria, hace 8,5 millones de años, cruzó los puentes terrestres del mar Rojo y emigró de Asia a África dando lugar a tres especies: el caracal *(Caracal caracal)*, el gato dorado africano *(Caracal aurata)* y el serval o gato serval *(Leptailurus serval)*. Todos ellos son felinos de tamaño mediano, con cabeza pequeña y grandes orejas características. El caracal y el serval tienen poblaciones más numerosas y su estado de conservación es menos preocupante que el del gato dorado africano, cuyo hábitat se encuentra severamente amenazado por la deforestación al estar ligado a un entorno de selva tropical.

A estas tres primeras líneas de descendencia les siguieron otras cinco procedentes de felinos que cruzaron el estrecho de Bering gracias a la glaciación que les permitió atravesar el mar por un puente terrestre, pasando de Asia a Norteamérica, y más tarde, con la formación del istmo de Panamá, llegaron a Sudamérica.

Estos gatos emigraron después a Europa y Asia, pero todas sus líneas genéticas se diversificaron en Norteamérica.

La primera es la línea del género *Leopardus (Leopardus lineage)*, que divergió inicialmente hace 8 millones de años. Una vez que cruzó el puente del istmo de Panamá y se extendió por Sudamérica, dio lugar, hace unos 2 o 3 millones de años, a otras especies hasta llegar a las ocho especies de *Leopardus* que existen en la actualidad: el ocelote *(Leopardus pardalisi)*, el margay *(Leopardus wiedii)*, la güiña o gato colorado *(Leopardus guigna)*, el gato colocolo *(Leopardus colocola)*, el gato de Geoffroy *(Leopardus geoffroyi)*, el gato andino *(Leopardus jacobita)*, el tigrillo o leopardo tigre *(Leopardus tigrinus)* y el tirica *(Leopardus guttulus)*. Todos son pequeños felinos, del tamaño de un gato o poco más, caracterizados por un pelaje con manchas variadas y ocelos más o menos largos o redondeados, o de color gris o marrón, algunos esbeltos y otros más corpulentos, pero todos muy hábiles cazadores, sobre todo de roedores, pero también de aves, reptiles y anfibios. Excepto el ocelote, el tigrillo y el gato de Geoffroy, todos los demás se encuentran en peligro de extinción.

Luego les llega el turno a los linces, que hace unos 7 millones de años también se diferenciaron en Norteamérica. Son «grandes gatos» compactos, con la cola corta y un sorprendente mechón de pelo en la punta de las orejas (como el caracal, por cierto), por no hablar de sus largas patillas, dignas de Francisco José I de Habsburgo-Lorena, emperador de Austria. Del género *Lynx (Lynx lineage)*, existen hoy cuatro especies: dos americanas y dos europeas que evolucionaron a partir de antepasados que, en la segunda glaciación, cruzaron el estrecho de Bering en dirección contraria, con lo que volvieron a colonizar Eurasia: el lince ibérico *(Lynx pardina),* el lince euroasiático o lince común *(Lynx lynx),* el lince de Canadá *(Lynx canadensis)* y el lince rojo *(Lynx rufus).* Siendo habitantes de los bosques templados y boreales, se alimentan principalmente de ungulados y lagomorfos (conejos y liebres), que consiguen cazar aun con grandes acumulaciones de nieve; al tener las patas anchas, no se hunden, sino que logran caminar como si llevaran raquetas en los pies. Excepto el lince ibérico, que está en peligro de extinción, el estado de conservación de las otras tres especies no es preocupante, aunque el lince euroasiático ha desaparecido de gran parte de su área europea debido a la caza. En Italia, Francia, Suiza y Alemania, el lince fue exterminado en distintos momentos de los siglos XIX y XX y posteriormente reintroducido. En Italia, desde hace varias décadas se viene produciendo una lenta recolonización del territorio alpino por parte de poblaciones procedentes de Eslovenia, Austria y Suiza.

Estrechamente relacionado está el linaje de los pumas *(Puma lineage),* de hace 6,7 millones de años, que también colonizarán Sudamérica desde el norte (puma actual, *Puma concolor,* y yaguarondi, *Herpailurus yagouaroundi)* y migrarán a Eurasia para asentarse definitivamente en África, donde el guepardo *(Acinonyx jubatus)* es el actual representante del grupo. El puma, un animal de gran tamaño, está por tanto filogenéticamente más cerca de nuestros gatos que de un león, del mismo modo que el pequeño yaguarondi, que tantos dolores de cabeza les ha causado a los sistemáticos por sus características tanto de «pantera» como de «felino», está más cerca del guepardo. Hoy en día, el yaguarondi se sitúa en esta línea de descendencia basándose en datos genéticos, y se cree que comparte con el puma la descendencia de *Miracinonyx,* que se extinguió en el Plio-Pleistoceno. El guepardo, muy conocido gracias a los documentales, con su pequeña cabeza caracterizada por las dos rayas negras a ambos lados del hocico, su cuerpo esbelto y flexible y su increíble velocidad (93 km/h, según las más recientes y sofisticadas mediciones), era y sigue siendo un símbolo de elegancia y poder, lo que explica también que se tenga en cautividad. Recuerdo con gran tristeza el guepardo que mis vecinos paseaban por el jardín con collar de cuero y correa. Se lo habían llevado a casa (Lombardía) después de rodar unos documentales en África. No sé qué fue de él, porque enseguida quedó claro que, sin preparación alguna, era complicado manejarlo. Yo no era más que una niña, pero la imagen de aquel soberbio animal atado con una correa aún me acompaña como símbolo de nuestra estupidez. Tras haber pasado por un estrechísimo «cuello de botella» debido a la reducción de su hábitat y la caza furtiva, el guepardo sigue al borde de la extinción, y la amenaza más grave es la consanguinidad resultante del alto índice de endogamia.

Otra rama se formó a partir del tronco de los félidos hace unos 6,2 millones de años y derivó en el linaje de los gatos leopardo *(Leopard cat lineage),* que son pequeños felinos representados hoy por seis especies, cinco de las cuales pertenecen al género *Prionailurus:* el gato herrumbroso *(Prionailurus rubiginosus)*, el gato leopardo o bengalí *(Prionailurus bengalensis)*, el gato pescador *(Prionailurus viverrinus)*, el gato de cabeza plana *(Prionailurus planiceps)* y el gato de las islas de la Sonda *(Prionailurus javanensis)*. La sexta es el manul o gato de Pallas *(Otocolobus manul)*. Están muy extendidos por Asia central y el sudeste asiático, y su antepasado, al igual que los grupos anteriores, realizó una migración inversa desde el continente americano hasta Eurasia. Son gatos de tamaño pequeño o mediano que ocupan entornos muy distintos, desde las estepas asiáticas hasta los bosques de Borneo. Salvo el gato de Pallas, que debe su nombre al zoólogo que lo describió por primera vez, y el gato leopardo, que aún conserva poblaciones bastante numerosas y sanas, los demás están en peligro de extinción. La trayectoria del gato leopardo está ligada con la del gato doméstico porque desde finales del siglo XIX se han producido numerosos cruces entre ambas especies que han dado lugar a una raza de gatos domésticos conocidos como bengalíes.

Por último, hace 3,4 millones de años, se diferenció el género *Felis (Felis lineage)*, que con sus siete especies de gato cierra esta sucesión de felinos y nos acerca a la historia evolutiva y de domesticación del gato. Pero primero hay que familiarizarse con los primos del gato doméstico *(Felis catus)*, empezando por el gato montés *(Felis silvestris)*, que no es, como antes se creía, el antepasado de nuestro gato doméstico. En esta línea evolutiva encontramos también el gato montés africano *(Felis lybica)*, el gato del desierto *(Felis margarita)*, el gato patinegro *(Felis nigripes),* el gato de la selva o gato de los pantanos o chaus *(Felis chaus)* y el gato de Biet *(Felis bieti).*

Su área de distribución es muy amplia y abarca muchos hábitats distintos, y sus hábitos de caza también son muy variados (diurna o nocturna). Todos son felinos solitarios que solo se encuentran durante la época de cría. Probablemente, su pequeño tamaño limita la caza a pequeñas presas que no se pueden compartir, lo que hace que la vida en grupos sociales resulte demasiado costosa.

El gato montés *Felis silvestris* está muy extendido en los bosques europeos, desde la península ibérica hasta Escocia y los Balcanes. Es un felino robusto, de pelaje espeso, esquivo y de hábitos nocturnos, por lo que su avistamiento y el monitoreo de su presencia solo son posibles de forma indirecta mediante el uso de fototrampas y trampas de pelo (palitos adhesivos en los que quedan adheridos mechones de pelo para su análisis genético). Orgulloso y muy agresivo, no tolera a otros machos en su territorio, y las hembras también están decididas a defender su espacio.

Su primo africano *Felis lybica* tiene una amplia distribución y cuenta con subespecies (al menos tres) que se extienden desde el norte hasta el sur de África, y, pasando por la península arábiga, cruzan Oriente Medio, Afganistán, Pakistán y la India, hasta llegar al este de Asia, Mongolia y China. La subespecie norteafricana *F. l. lybica* es la progenitora de nuestro gato doméstico, y en breve conoceremos su extraordinaria historia.

En las altas mesetas del Tíbet, en las praderas, los bosques y las selvas situadas entre los 2.500 y los 5.000 m de altitud, vive el gato de Biet *(Felis bieti),* un animal esquivo bien adaptado a climas extremos (calor abrasador en verano y frío glacial en invierno), de los que se defiende con un pelaje muy espeso y largo que también le protege las plantas de las patas de la nieve y el hielo invernales. Sus característicos penachos negros en las orejas le dan el aspecto de un pequeño lince. En el extremo opuesto, en hábitats desérticos que van desde África del norte hasta Asia central, encontramos al gato del desierto *(Felis margarita),* con su característico manto de color arena claro marcado por rayas negras en las patas y la cola. El gato del desierto también tiene pelo entre los dedos para proteger las almohadillas plantares de la arena caliente.

En África del sur, el gato patinegro *(Felis nigripes),* el felino africano más pequeño, caza roedores, aves e insectos recorriendo cada noche largas distancias por terrenos secos y hostiles. En cambio, en Oriente Medio, el sudeste asiático y el sur de China hallamos al gato de los pantanos *(Felis chaus),* que ha encontrado su hábitat ideal entre los juncos y la vegetación palustre: es el gato más grande del género *Felis* y se caracteriza por tener las patas largas y un pelaje uniforme y sin manchas que va desde el color arena hasta el marrón rojizo y el gris; amante del calor, está activo durante el día para cazar pequeños mamíferos, sin desdeñar aves, reptiles ni anfibios.

No hay que olvidar que el futuro de estas siete especies pende de un hilo: aunque para algunas de ellas las poblaciones siguen siendo numerosas, para otras el pequeño tamaño del área de distribución *(F. nigripes* solo se encuentra en Sudáfrica, Namibia y Botsuana), así como la reducción constante del hábitat (destrucción de humedales y construcción de diques, para *F. chaus)* y de las presas naturales (a menudo roedores considerados nocivos por las poblaciones locales, como *Ochotona ssp,* de los que se alimenta *F. bieti),* suponen una seria amenaza para su supervivencia. Recordemos que la extinción es para siempre, ¡no hay vuelta atrás! Los intentos del zoológico de Jerusalén de reintroducir en el desierto de Aravá al gato del desierto (extinto en Israel) fracasaron estrepitosamente: a pesar del periodo de «aclimatación» en recintos exteriores, los ejemplares nacidos y criados en el zoológico, una vez liberados, no sobrevivieron.

Conservación de la biodiversidad

De la presentación de las líneas genéticas de los félidos se desprende que la mayoría de las especies que viven actualmente están en peligro de extinción. ¿Qué significa «peligro de extinción»? Existen organizaciones internacionales que se ocupan de la conservación de la naturaleza, pero la primera por su relevancia y por el trabajo realizado hasta ahora es la Unión Internacional para la Conservación de la Naturaleza (International Union for Conservation of Nature, IUCN). La misión de la IUCN es transmitir conocimientos sobre la biodiversidad de los seres vivos y cómo conservarla a las sociedades de todo el mundo con el fin de garantizar que todo uso de los recursos naturales sea justo y ecológicamente sostenible. Fundada en 1948, la IUCN fue la primera organización del mundo que se ocupó del medioambiente y hoy se ha convertido en la mayor red mundial de asociaciones e investigadores de prestigio dedicados a la conservación de la biodiversidad. Uno de los objetivos de la IUCN ha sido crear un esquema para evaluar el riesgo de extinción basado en las categorías y criterios de la famosa Lista Roja, una herramienta esencial para saber qué especies animales y vegetales necesitan mayor protección y atención. Existen once categorías de riesgo, como extinta *(Extinct,* EX), para las especies de las que existe la certeza definitiva de que ha muerto hasta el último individuo; extinta en estado silvestre *(Extinct in the Wild,* EW), para las especies de las que ya no existen poblaciones naturales, sino únicamente individuos en cautividad, y preocupación menor *(Least Concern,* LC), para las especies que no corren peligro de extinción a corto o medio plazo.

Las especies en peligro de extinción pueden estarlo en tres grados distintos, que indican un riesgo creciente de extinción a corto o medio plazo: vulnerable *(Vulnerable,* VU), en peligro *(Endangered,* EN) y en peligro crítico *(Critically Endangered,* CR). Sin entrar en demasiados detalles sobre los criterios utilizados para definir el estado de conservación de una especie, hay dos aspectos fundamentales que deben tenerse en cuenta: el número de individuos de la población y el tamaño del área de distribución geográfica en sus diversas combinaciones. No olvidemos que entre las causas más importantes del descenso de las poblaciones se encuentran la reducción y fragmentación del hábitat. Una especie puede contar con una protección legal que prohíba la caza, pero si el hábitat se reduce o fragmenta, la especie no puede recuperarse numéricamente porque carece del espacio vital necesario y de los recursos asociados a él. Muchos de los félidos de los que hemos hablado viven en zonas que se hallan sometidas a una deforestación desenfrenada que está destruyendo su hábitat y, en consecuencia, toda posibilidad de poner en práctica programas sólidos de conservación *in situ*. Lo más probable es que para algunas especies no quede más remedio que la conservación *ex situ,* lo que ciertamente no está exento de problemas. Reproducir animales salvajes en zoológicos y reintroducirlos en la naturaleza no es nada fácil, sobre todo si faltan los requisitos mínimos para poder liberarlos en su entorno reconstituyendo poblaciones naturales o ayudando a las existentes. Un estudio muy reciente ha calculado que en los últimos cinco siglos han desaparecido de nuestro planeta entre el 7,5 y el 13 % de los 2 millones de especies conocidas. Es inútil engañarse: estamos asistiendo a la sexta extinción masiva.

El ancestro del gato doméstico da un paso adelante: quién, dónde, cuándo y por qué

Ha llegado el momento de centrar nuestra atención en *Felis lybica* y desandar el camino recorrido por nuestro «héroe» para abandonar la «dura» vida de depredador salvaje y acomodarse en nuestro sofá.

Gracias a un estudio realizado por Carol Driscoll y sus compañeros en 2007, tenemos la certeza de que el progenitor del gato doméstico no es el gato montés europeo, una pequeña fiera intratable e inabordable, sino su primo africano, mucho más maleable y bien dispuesto al contacto con los seres humanos. Los análisis que se han realizado utilizando ADN mitocondrial y microsatélites (secuencias cortas repetidas de ADN) en 979 especímenes de gatos monteses y domésticos procedentes del sur de África, Kazajstán, Azerbaiyán, Mongolia y Oriente Medio han revelado la existencia de cinco agrupaciones genéticas (linajes) de gatos monteses, cuatro de las cuales correspondían a especies o subespecies cuya existencia en estado salvaje ya se conocía en aquel momento: *F. s. silvestris,* en Europa; *F. s. bieti,* en China; *F. s. ornata,* en Asia central, y *F. s. cafra,* en el sur de África (téngase en cuenta que en 2007 la clasificación de las especies de *F. silvestris* era distinta a la actual, pero esto no es muy relevante a efectos de comprender quién es el ancestro del gato doméstico). El quinto grupo no solo incluía a *F. s. lybica* de Oriente Medio, sino también a cientos de gatos domésticos que formaban parte de la muestra del estudio, ¡incluidos gatos de raza procedentes de Estados Unidos, Reino Unido y Japón! Desde el punto de vista genético, los ejemplares de *F. s. lybica* procedentes de los desiertos israelíes, y no de Arabia Saudí, no se distinguían de los ejemplares domésticos. Estos resultados indican asimismo que, al contrario de lo que se cree que ocurre con el perro, los gatos domésticos derivan de gatos salvajes presentes en una zona única aunque extensa, Oriente Medio, y no de distintas regiones en las que habitan otras especies de gatos monteses.

Ya hacía tiempo que se sospechaba que el gato montés europeo no es el bisabuelo de nuestro protagonista, tanto por su temperamento irascible (como bien saben los cuidadores de los zoológicos en los que se mantiene por proyectos de conservación) como por la dislocación geográfica de los hallazgos arqueológicos, que apuntan al norte de África y el oeste de Asia como zonas de posible domesticación. Las investigaciones de Carol Driscoll y su equipo han resuelto de modo definitivo cualquier duda que pudiera plantearse sobre la identidad del ancestro y la zona geográfica en la que debieron de producirse los primeros contactos entre gatos y humanos. La historia de la domesticación del gato ha resultado ser mucho más fácil de desentrañar que la del perro (cuyos problemas he esbozado en mi libro *Attenti ai cani),* que sigue siendo un auténtico rompecabezas para los especialistas. Por otra parte, los estudios que se han llevado a cabo analizando el ADN antiguo de los restos arqueológicos de gatos que se han encontrado en asentamientos humanos (que, a decir verdad, no son muy numerosos) están aclarando muchos aspectos.

La domesticación del gato se atribuyó durante mucho tiempo a los egipcios, pero los estudios que se han venido publicando desde 2007 nos hablan de un viaje en varias etapas, en las que el gato se extendió por Oriente Medio, Rumanía, Bulgaria y Egipto; desde ahí, a Europa, y luego hacia el norte, donde navegó en los barcos vikingos.

Procediendo con orden, vamos a intentar aclarar algunos puntos en esta hermosa historia en la que una vez más la vida de un animal salvaje se entrelaza con la de nuestros antepasados.

Sabemos que Oriente Medio, y más concretamente la zona conocida como Creciente Fértil, fue la cuna de una transición en la que nuestros ancestros pasaron de ser cazadores-recolectores a convertirse en agricultores-ganaderos, una transición que comenzó hace unos 10.000 años y se completó durante la revolución neolítica. En esta zona vivía (¡y aún vive!) *F. lybica,* que, al alimentarse de pequeños roedores, debió de acoger con gran entusiasmo los primeros asentamientos permanentes de agricultores, los cuales, con sus reservas de cereales, atrajeron a gran número de estos roedores. Entre ellos se encontraba sin duda el ratón doméstico o ratón común *(Mus musculus),* originario del subcontinente indio, cuyos rastros se han encontrado entre las primeras reservas de grano silvestre almacenado por el ser humano en Israel, que datan de hace unos 10.000 años. El ratoncillo común no es muy competitivo, pero ha conseguido prosperar y extenderse siguiendo la estela de los humanos.

Es posible que nuestros antepasados, al darse cuenta de que estos felinos, depredadores nocturnos, eran muy útiles para mantener alejados de las reservas de alimentos a los roedores (que, entre otras cosas, pueden transmitir enfermedades muy peligrosas para el ser humano, como la peste negra, cuyo agente etiológico, la bacteria *Yersinia pestis,* es transportado por sus pulgas, o la leptospirosis, causada por la bacteria *Leptospira spp.* y vehiculizada por su orina), intentaran «congraciarse» con ellos tratando de tenerlos cerca para garantizarse una especie de «seguro» continuo contra los daños causados por estas pequeñas «pestes» (en inglés, el término *pest* se utiliza para indicar a un animal que es dañino para las actividades humanas, mientras que *pets* se usa para referirse a los animales domésticos que se tienen como compañía; un cambio de posición de la ese que determina destinos opuestos).

Los gatos eran, en definitiva, comensales de los humanos, en el sentido de que comían en la misma mesa, pero, sobre todo, su presencia ayudaba al ser humano a defender su ganado.

En cualquier caso, no podemos considerar que estos gatos ya fueran domésticos: nadie controlaba su reproducción ni su libertad, y aún no se había llevado a cabo ninguna selección artificial; estaban «domados» y, por tanto, temían menos a los humanos y estaban acostumbrados a su presencia, pero, seguramente, no mucho más. Sin embargo, podemos imaginar que las hembras próximas al parto también encontraban refugio en las aldeas, que era un lugar más seguro para parir y criar a sus crías. Porque el gato es un temible depredador, pero también es presa, por ejemplo, del chacal común *(Canis aureus)*, que puede aprovechar la ausencia de la madre para matar a los indefensos gatitos con el fin de alimentarse. Por lo tanto, disponer de un refugio en un contexto ambiental «humano», como bien sabemos, es una situación que facilita el contacto con el ser humano durante la fase de socialización primaria, lo que contribuye a disminuir el miedo atávico hacia él, un factor determinante para poder considerar que un animal es verdaderamente doméstico. Y así, hace 9.500 años, en Chipre, un ser humano de sexo desconocido fue enterrado en una tumba con herramientas de piedra y un puñado de conchas, y un poco más allá, en su propia tumba, un gato de ocho meses, con el cuerpo orientado al oeste, como el humano. Puesto que podemos descartar con toda seguridad que el gato llegara a la isla de Chipre nadando, no nos queda más remedio que pensar que hace 9.500 años el gato ya viajaba con los humanos, les seguía en sus viajes migratorios y, lo que es mucho más importante para nosotros, ya cumplía la función de animal de compañía, un buen amigo al que tener cerca aunque solo sea por el placer de acariciar su suave pelaje mientras te hipnotiza con su ronroneo. El feroz depredador solitario con una dieta hipercarnívora, el mamífero quizá menos susceptible de ser domesticado, se había convertido en un miembro de pleno derecho de la comunidad humana. Un estudio precioso que fue publicado en 2017 reconstruyó las etapas cruciales de este viaje gato-humano identificando dos oleadas migratorias. Claudio Ottoni y su equipo de investigación analizaron ADN antiguo (ADNa) obtenido a partir de huesos, dientes, piel y pelo de 352 gatos antiguos procedentes de numerosos yacimientos arqueológicos de Europa, el noreste de África y el suroeste de Asia, y su antigüedad, que se estimó mediante espectrómetro de masas, radiocarbono y datación estratigráfica, se estableció en 9.000 años atrás (periodo mesolítico). En el estudio se incluyeron también veintiocho gatos monteses modernos de Bulgaria y el este de África. Con estas muestras se pudo investigar la existencia de una estructura filogeográfica de las líneas maternas de *F. lybica* anterior a la domesticación y si se reordenó como consecuencia de la intervención humana, y, en ese caso, cómo y cuándo. La primera conclusión de este trabajo es que dos líneas genéticas felinas han contribuido, en distintos momentos, al acervo genético materno del gato doméstico, ¡y que una u otra de estas líneas está presente en la mayoría de las razas modernas! El mitotipo IV-A (mitotipo = tipo de ADN mitocondrial) que desde Anatolia se extendió hacia el este y el oeste desde el Neolítico hasta la Edad del Hierro representa la contribución genética de las poblaciones de gatos comensales de los primeros agricultores neolíticos de Oriente Medio al acervo genético del ADN mitocondrial de los gatos modernos. La segunda línea materna, el mitotipo IV-C, es de origen africano y se ha encontrado en la mayoría de las momias de gato egipcias. Sabemos que en Egipto los gatos eran objeto de culto y que en la época grecorromana se tenían en los recintos de los templos para ser momificados. Desde 1700 a. C., los egipcios impusieron la prohibición de llevar gatos fuera de las fronteras del imperio, pero algo debió de escapar a su control, ¡ya que los gatos con el mitotipo IV-C están muy extendidos por todo el Viejo Mundo! Los gatos egipcios debían de ser muy populares, y su posesión, muy codiciada, dado que su mitotipo (IV-C) representa más de la mitad de las líneas maternas de los gatos de Anatolia occidental en el primer milenio a. C. y su frecuencia duplica la del mitotipo local (IV-A). Estos gatos debían de tener alguna característica especial que los hiciera tan atractivos como para que la gente quisiera seguir procurándoselos a pesar de las prohibiciones. Se cree que su difusión se produjo gracias al comercio marítimo en el Mediterráneo, puesto que la presencia de roedores en los barcos ya era un problema importante. Podemos pensar que los egipcios consiguieron hacer que los gatos fueran más sociables y dóciles de lo que lo eran con los primeros agricultores, pero se trata de una especulación puramente etológica. Lo que sí sabemos con certeza es que los gatos aparecen al norte de los Alpes tras la conquista romana de esas tierras y que el gato estuvo ausente del Imperio romano al menos hasta la Antigüedad tardía (siglos III-IV d. C.), es decir, el periodo de transición entre el mundo antiguo y el medieval.

La presencia del mitotipo egipcio IV-C en el puerto vikingo de Ralswiek atestigua el importante papel que desempeñaba el gato en los barcos para el control de la rata negra *(Rattus rattus)* y el ratón común *(Mus musculus)*, que se habían convertido en incómodos compañeros de viaje, al tiempo que indica las vías de propagación al resto del mundo y, por tanto, la estrecha relación que había establecido con los humanos (fig. 1).

Clasificación de los seres vivos y categorías sistemáticas

A lo largo de este primer capítulo hemos utilizado varias veces palabras como «familia», «género» y «especie», pero puede que no todos los lectores estén familiarizados con estos términos, por lo que ahora vamos a profundizar brevemente en ellos a fin de adquirir unos conocimientos útiles para apreciar este aspecto del estudio de la zoología o, más bien, de los seres vivos. Desde la Antigüedad, el ser humano ha sentido la necesidad de «poner orden» en la increíble variedad de formas vivas que lo rodean y que parecen organizadas en unidades es-

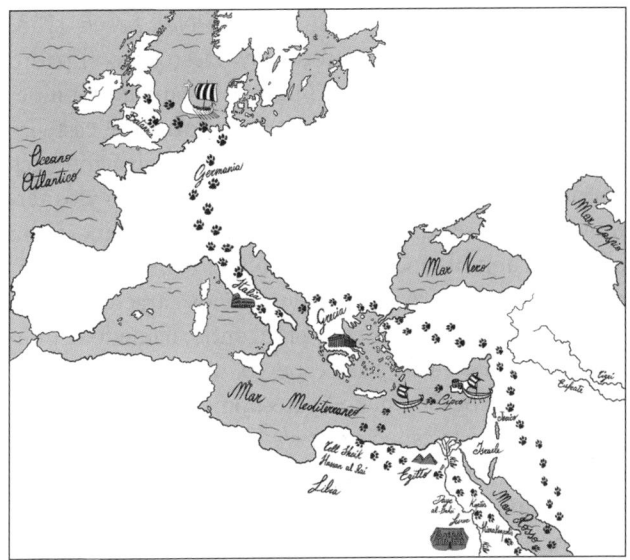

FIGURA 1. El hipotético recorrido de *Felis lybica* en su camino hacia la domesticación. Las etapas se han establecido a partir de los descubrimientos científicos paleogenéticos y zooantropológicos más recientes (ilustración de Chiara Canori).

tables. Este orden, lejos de ser un fin en sí mismo, resulta esencial para facilitar el proceso de conocimiento de las especies animales y vegetales. Se trata de un proceso que, como puede imaginarse, ha experimentado una gran aceleración desde la publicación de la teoría de la evolución de las especies de Charles Darwin y el descubrimiento de Gregor Mendel de las leyes de la herencia, y, en nuestros días, con el desarrollo de las técnicas de análisis del ADN. El primero en ofrecer un esquema de clasificación científica fue el botánico sueco Carlos Linneo

(1707-1778), que publicó su *Systema Naturæ* en 1758, con lo que se convirtió, a todos los efectos, en el padre de la taxonomía moderna. Linneo (cuyo apellido, Linné, fue latinizado como Linnæus y posteriormente castellanizado como Linneo) asignó a cada forma viva entonces conocida un nombre científico compuesto por dos términos, lo que se conoce como «nomenclatura binomial»: el primer nombre indica el género, y es el mismo para todas las especies que comparten algunos caracteres principales *(nomen genericum)*, y el segundo, llamado «epíteto específico», alude a las especies que se engloban en ese género. Por ejemplo, el gato doméstico pertenece al género *Felis,* y la especie es *Felis catus* (el nombre latino es muy útil en biología porque es universalmente reconocido y no da lugar a malentendidos como podría ocurrir con el nombre común; además, como los científicos son personas especiales, para resaltar el nombre científico lo ponen en cursiva o, a veces, lo subrayan). En muchos nombres de animales y plantas se reconoce la autoría de Linneo añadiendo a continuación del nombre científico una L. (de Linneo) seguida del año en que se describió la especie por primera vez. Por poner otro ejemplo, de algún modo relacionado con nuestro gato doméstico, la rata negra (rata común, rata del tejado o rata del barco) se denomina *Rattus rattus* L., 1758. Como en una muñeca rusa, la especie está contenida en un género; el género, en una familia; la familia, en un orden; el orden, en una clase; la clase, en un filo; el filo, en un reino, y, por último, el reino, en un dominio, si bien a menudo con muchos niveles intermedios. La clasificación del gato doméstico es, por tanto, la que figura en la tabla 1.

Tabla 1. Clasificación biológica del gato doméstico (*Felis catus* L., 1758)

Dominio	Eukaryota
Reino	Animalia
Filo	Chordata
Subfilo	Vertebrata
Clase	Mammalia
Orden	Carnivora
Suborden	Feliformia
Familia	Felidae
Subfamilia	Felinae
Género	*Felis*
Especie	*F. catus*

Todo este orden suena fantástico, pero no nos hagamos muchas ilusiones. La realidad biológica no es fácil de ordenar, y no existen esquemas perfectos. Para cada una de estas categorías taxonómicas, el debate entre los especialistas está siempre abierto, empezando por el número de dominios que engloban a todos los seres vivos: dos dominios (Eukarya y Prokarya) o tres dominios (Eukaryota, Bacteria y Archea), o bien seis reinos en tres dominios (Animalia, Plantae, Fungi y Protista en el dominio Eukarya; Archea en el dominio Archea, y Bacteria en el dominio Bacteria). Cuando se desciende al nivel de las especies, la cuestión se complica muchísimo, porque no existe una definición única de especie, y según el criterio que se utilice para definir una población como perteneciente a una especie, se pueden obtener resultados muy distintos. De las diversas definiciones de especie, la que se basa en el aislamiento reproductivo se encuentra en muchas situaciones naturales, y se define como «el conjunto de poblaciones potencialmente interfecundas y que producen descendencia fértil pese a permanecer reproductivamente aisladas de poblaciones con características similares» (concepto biológico de especie). Una de las muchas dificultades que se plantean al tratar de aplicar esta definición es la clasificación de los animales domésticos. Las técnicas modernas de análisis del ADN han permitido reconstruir con mayor precisión las relaciones de linaje evolutivo, y ahora sabemos que el antepasado del gato doméstico es *Felis lybica,* el gato montés africano, pero el criterio del aislamiento reproductivo no sería suficiente para definir dos especies distintas porque los gatos domésticos y los monteses siguen cruzándose y dando lugar a descendencia fértil (con todos los problemas de conservación del patrimonio genético de los gatos monteses que surgen en caso de hibridación: en Escocia se ha producido una avanzada introgresión de genes domésticos en la población salvaje, hasta el punto de que el componente doméstico ya no puede controlarse ni eliminarse, y ahora toda la variación morfológica y genética, tanto doméstica como salvaje, está presente en la población de gatos monteses escoceses). ¡O sea, que trazar límites claros no es fácil! Linneo había clasificado al gato doméstico como especie, y su denominación era *Felis catus* L., pero luego se lo consideró una subespecie de *Felis silvestris,* dado que el doméstico y el montés siguen siendo interfecundos. Cuando se investigaron más a fondo las líneas de descendencia, se decidió mantener al gato doméstico como un taxón (categoría) separado del montés. Aviso a navegantes (o lectores): en este libro he decidido adoptar la clasificación propuesta para el género *Felis* por el grupo de especialistas en felinos de la UICN (Comisión de Supervivencia de Especies, CSE). En ocasiones, el gato montés africano se indica como *Felis s. (silvestris) lybica* en lugar de *Felis lybica* porque así lo recogían los autores en las obras originales que he citado. Como ya hemos visto, la nomenclatura está siempre en revisión y no existe un acuerdo universal.

2. Pequeños pasos hacia la casa de los seres humanos

Nuestro *Felis lybica* tardó bastante en sucumbir a los encantos de una vida cómoda y hogareña. Durante mucho tiempo vivió a caballo entre su mundo natural y el antropizado, creado y modificado por el ser humano y sus actividades. Pero supo aprovechar el momento oportuno para estrechar esta relación con el *Homo sapiens* y llegar con él a casi todos los rincones de la Tierra. Emprendamos este camino sin demora.

Desde el Neolítico

Dejamos a nuestro gato «casi» doméstico en compañía de los vikingos, dedicado a perseguir ratones y ratas en los barcos comerciales y de guerra. Pero su trayectoria merece más atención, así que vamos a dar un paso atrás para volver a Chipre y tratar de conocer algo más acerca de aquellos gatos residentes, que probablemente no eran domésticos en sentido estricto, pero que llegaron a la isla con los humanos del incipiente Neolítico. Chipre es una isla oceánica que desde el Mioceno ha estado aislada del continente. Su fauna endémica comprendía un solo carnívoro, un feliforme de la familia de los vivérridos, la jineta de Chipre *(Genetta plesictoides)*, que se extinguió antes de la llegada de los colonos neolíticos hace 11.000 años. En la isla había otro animal endémico, el ratón chipriota *(Mus cypriacus)*, que sigue existiendo en la actualidad. El fortísimo equipo de antrozoólogos franceses dirigido por Jean-Denis Vigne encontró pruebas en el yacimiento neolítico precerámico A (APPNA, primera fase del Neolítico) de Klimonas de que los primeros colonizadores introdujeron ejemplares de *Felis lybica* en Chipre hace al menos 11.000 años. Ahora, gracias a las investigaciones de este equipo, sabemos que el ratón doméstico ya estaba presente en Chipre y que el primer cultivo de cereales en la isla se remonta a la oleada inicial de colonización de agricultores, hace unos 10.600 años. Por lo tanto, hay motivos para creer que estos gatos que llevaron a la isla de Chipre los primeros agricultores pudieron resultarles muy útiles.

El primer gato que muestra signos de una relación con el ser humano es el que se halló enterrado en el yacimiento neolítico precerámico B (PPNB, segunda fase del Neolítico) de Shillourokambos, de unos 9.500 a 9.000 años de antigüedad. Aquí se encontró un esqueleto completo de *Felis lybica* en su pequeña tumba, a poca distancia de la de su presunto dueño, lo que sugiere una estrecha relación entre el difunto y el felino (como mencionamos en el capítulo anterior). Otros restos de gato, un molar y algunos huesos, de hace 8.700 años, se encontraron en el yacimiento arqueológico de Jericó, mientras que el primer gato que muestra signos de domesticación (menor tamaño) es el hallado en el yacimiento arqueológico de Tell Sheikh Hassan al Rai (actualmente parte de la gobernación libanesa de Bekaa), que data del periodo de Uruk (5.500-5.000 a. C.). A partir de ese momento, los rastros de gatos como parte de la comunidad humana se hacen más frecuentes, sobre todo en Egipto, donde se ha hallado una tumba que contiene huesos de gato y gacela de hace unos 6.500 años y esqueletos de seis gatos (un macho y una hembra adultos y cuatro gatitos) en la necrópolis 6 (HK6) de Hieracómpolis, en la orilla oeste del Nilo, datados en 5.800 y 5.600 años. En esta necrópolis del periodo predinástico Naqada IC-IIB se ha hallado un gran número de animales enterrados en tumbas laterales separadas de las tumbas humanas centrales: además de especies domésticas, como vacas, cabras, ovejas, burros y perros, se ha descubierto un gran número de especies salvajes, entre otras, papión anubis *(Papio anubis)*, uro *(Bos primigenius)*, alcélafo *(Alcelaphus buselaphus)*, asno salvaje africano *(Equus africanus)*, hipopótamo común *(Hippopotamus amphibius)*, elefante africano de sabana *(Loxodonta africana)*, gato de la selva *(Felis chaus)*, leopardo *(Panthera pardus)*, cocodrilo del Nilo *(Crocodylus niloticus)* y avestruz *(Struthio camelus)*. Estos animales se colocaban cuidadosa y deliberadamente enteros en sus tumbas, a veces solos y a veces en grupos, como en una procesión para acompañar al difunto. Los seis gatos eran casi con toda seguridad domésticos y difícilmente estaban emparentados entre sí, dado que las estimaciones rondan la edad de un año para los adultos y de cinco o seis meses para los gatitos. Según Veerle Linseele y su equipo, este hallazgo podría anticipar en unos 2.000 años la efectiva domesticación del gato, aunque es posible que estos ejemplares no hubieran cruzado aún la delgada línea que separa el comensalismo o el mutualismo de la domesticación: estar enterrados en las tumbas de notables egipcios no es todavía una prueba definitiva de domesticación. Así, nuestro gato solitario e independiente, pero también territorial y oportunista, aprovechando este nicho ecológico generado por los humanos, se hizo tolerar y luego querer, al tiempo que conservaba la posibilidad de volver a una vida libre, sin control ni constricciones por nuestra parte, un doméstico *sui generis*. Por eso es tan difícil establecer con certeza cuándo podemos hablar realmente de gato doméstico: si, por un lado, el análisis del genoma de gatos vivos y fósiles nos ha permitido aclarar su origen a partir de *F. lybica* en la zona del Creciente Fértil (mitotipo IV-A) y en Egipto (mitotipo IV-C), por otro, los escasos restos fósiles apuntan a una diferencia morfológica mínima entre el salvaje y el doméstico, lo que indica una bajísima presión selectiva. Volveremos a este tema cuando hablemos de la coloración del pelo de gato en el mundo antiguo, pero ahora vamos a detenernos un poco en los gatos egipcios, porque precisamente Egipto y los egipcios desempeñaron un papel muy importante y tal vez decisivo en la culminación del proceso de domesticación.

Gatos y momias

Para seguir hablando de otros restos egipcios que contextualizan la domesticación del gato, en la tabla 2 presento una breve cronología egipcia. Si bien a los que no somos egiptólogos no nos resulta fácil situarnos en los distintos reinos y dinastías, nuestro objetivo es situar al gato en esta historia con algunas referencias más precisas.

Tabla 2. Cronología del antiguo Egipto

Años	Periodo	Dinastías
4400-3800 a. C.	Neolítico	
4000-3800 a. C.	Predinástico	
3000-2920 a. C.	Protodinástico	I-III
2575-2135 a. C.	Imperio Antiguo	IV-VI
2150-1994 a. C.	Primer periodo intermedio	VII-XI
1994-1650 a. C.	Imperio Medio	XII-XIV
1650-1550 a. C.	Segundo periodo intermedio	XV-XVII
1550-1075 a. C.	Imperio Nuevo	XVIII-XX
1075-664 a. C.	Tercer periodo intermedio	XXI-XXV
664-332 a. C.	Periodo tardío	XXVI-XXXI
332 a. C.-313 d. C.	Época grecorromana	

Fuente: Archeologia Viva, www.archeologiaviva.it/6477/cronologia-dellantico-egitto. J. Baines y J. Malek, *Atlas of Ancient Egypt,* Novara, De Agostini, 1985, pp. 36-37, hasta el primer periodo intermedio (hacia 2135 a. C.); a partir de la dinastía XI, J. von Beckerath, *Handbuch der ägyptischen Königsnamen,* Múnich-Berlín, Deutscher Kunstverlag, 1984, pp. 158-166.

Según James Allen Baldwin, la primera prueba de que los gatos se hallaban bajo el control y la protección de los seres humanos (condiciones básicas para considerar do-

méstico a un animal) es una pintura funeraria de Saqqa-
ra, de la dinastía V (hacia 2494-2345 a. C.), que representa a un gato con un collar.

A partir del Imperio Medio, las representaciones de
gatos en contextos domésticos se hacen más frecuentes:
una estela de piedra caliza de la dinastía XI (hacia 2040-
1991 a. C.) encontrada en Coptos representa a un animal, identificado como un gato, detrás de los pies de una
mujer sentada, y aún más informativa es una inscripción
de la dinastía XI encontrada en Deir el-Bahari que habla de
un gato «favorito» del rey Mentuhotep II.

En una tumba de la dinastía XII (hacia 1991-1786 a. C.),
en Abidos, se descubrieron diecisiete esqueletos de gato
junto a pequeños recipientes que se cree que contenían leche. En resumen, estas pruebas, aunque indirectas y cir-
cunstanciales, pueden indicar que el gato se había convertido en un animal doméstico a principios del Imperio Medio.

Los testimonios de gatos domésticos dedicados a distintas actividades «caseras» se multiplican en épocas posteriores; a menudo aparecen retratados comiendo bajo las
sillas de algunos notables y sus esposas. Por otra parte, es
famosísima la pintura hallada en la tumba del escriba
Nebamon (dinastía XVIII), en Tebas, que representa al
gato cazando aves acuáticas desde la barca; y, aunque
menos conocida, en la pintura descubierta en la tumba
del escriba Menna, un gato participa de forma similar en
la caza de aves. Aunque aún se desconoce cuál era realmente el papel de los gatos en esta actividad, estas pinturas parecen sugerir un rol similar al del perro de caza a la
hora de señalar nidos y hacer que las aves se alcen en
vuelo para facilitar su captura.

El papel de combatiente de roedores ha quedado registrado en muchos papiros y frescos del Imperio Nuevo, algunos incluso satíricos, como aquel en el que unos gatos defienden su fortaleza del asalto de un ejército de ratones. En el *Libro de los Muertos,* antiguo texto funerario egipcio del Imperio Nuevo cuyo título original transliterado es *Ru nu peret em heru* (Libro para salir del día), el gato representa al dios del sol Ra (más tarde identificado con el dios tebano Amón) enzarzado en un combate mortal con el temible rey de las tinieblas Apofis, representado con la apariencia de una serpiente gigantesca. Los gatos siguen siendo cazadores de serpientes, y es posible que en los pueblos del norte de África también se les apreciara por esta valiosa actividad.

En el periodo tardío, los extranjeros que visitaban Egipto se percataban enseguida de la importante presencia de gatos en las ciudades y pueblos, así como de la actitud benévola de la que eran objeto. Heródoto (historiador griego que vivió entre el 484 y el 425 a. C.) cuenta con asombro en sus *Historias* que los egipcios, en caso de incendio, ¡se preocupaban más por salvar a los gatos de la casa que por apagar el fuego! Y que, a la muerte de su gato, se afeitaban las cejas y estaban dispuestos a recorrer largas distancias para enterrarlo en un cementerio especializado de la ciudad de Bubastis. A partir del Imperio Nuevo, los cementerios de gatos estaban muy extendidos. En la necrópolis de Per Bastet (Bubastis) se excavó una tumba que resultó contener 200 m³ de restos de gatos. La ciudad debe su nombre a la diosa Bastet, a la que ya se veneraba en la dinastía II. La génesis de este mito no está muy clara, pero parece ser una historia que entrelaza feroces leonas y dulces gatitos. Bastet y Sekhmet (según algunos estudiosos, las hijas gemelas de Ra) eran dos deidades representadas como leonas, y quizás para distinguirlas, a lo largo de los siglos Bastet acabó siendo representada como una gata, adoptando un papel más suave y protector, la cara benéfica del calor del sol como símbolo de la fecundidad, mientras que Sekhmet conservó la forma de leona y se convirtió en la deidad de la guerra, la cara destructiva del calor del sol. Las hipótesis formuladas para comprender el origen de esta asociación entre Bastet y el gato son múltiples, y no es este el momento de ahondar en ellas, pero lo cierto es que cuando los reyes de origen persa reinen en Egipto y se instaure la dinastía ptolemaica, el mito de Bastet se helenizará: la diosa Bastet pasará a llamarse Ailuros (*áilouros* significa 'gato' en griego), se asociará con la Luna y se asimilará a la diosa griega Artemisa. En 2010 se descubrió en Alejandría (Egipto) el templo de Berenice (esposa del faraón Ptolomeo III), que los medios llamaron inmediatamente «templo de la diosa gata» debido a la presencia de numerosas estatuas de Bastet. En algunos casos, en los templos egipcios había un único animal al que se rendía culto; en otros, los animales se criaban en los templos de las respectivas deidades o cerca de ellos, pero no se les rendía culto, sino que se sacrificaban al objeto de hacer momias para las necrópolis. Las personas que visitaban los templos durante los periodos festivos estaban ansiosas por hacerle una ofrenda al dios a fin de ganarse su bendición, y una ofrenda votiva aceptable eran los restos momificados de un animal asociado al dios.

Así pues, para garantizar un suministro abundante de animales a los peregrinos, los sacerdotes no tenían inconveniente en acelerar la muerte de un animal. La única categoría de momias de animales que se ha estudiado de forma sistemática es la de los gatos. Un examen de cincuenta y cinco gatos momificados de la colección del Museo de Historia Natural de Londres reveló que la mayoría de ellos murieron a los dos años de edad debido a la dislocación de las vértebras cervicales como consecuencia de una violenta torsión de la cabeza hasta la rotura del cuello. Esto sugiere que el carácter sagrado de estos animales no les impedía a los sacerdotes hacer lo que fuera necesario para poder vender ofrendas votivas a los peregrinos. Soy consciente de que me he extendido un poco al hablar sobre la fase egipcia de la vida de nuestro gato, pero me parece un paréntesis interesante para ahondar en el complejo universo de la relación humano-animal: el gato, por un lado, protegido y amado hasta el punto de que un soldado romano que mató accidentalmente a uno fue linchado por la multitud y, por otro, criado para ser sacrificado como ofrenda a la diosa Bastet. El gato, que al principio solo estaba presente como «doméstico» en las casas de los faraones, escribas y religiosos, se convirtió en el compañero de vida de gran parte de la población, hasta el punto de que se prohibió sacar gatos fuera del reino y el gobierno envió emisarios a los territorios vecinos para llevar de vuelta a Egipto a los gatos que de algún modo hubieran sido robados.

A la conquista del mundo antiguo

El destino del gato doméstico no era quedar confinado en Egipto. De hecho, sus huellas se encuentran en muchas zonas de la cuenca mediterránea, en parte porque, como vimos en el primer capítulo, es posible que los gatos egipcios, criados por motivos religiosos y utilitarios, fueran mucho más dóciles que los demás. Así, aparecen testimonios artísticos (estatuillas, frescos, bajorrelieves, mosaicos) que representan al gato en Palestina (hacia 1700 a. C.), Grecia (480 a. C.), Italia (siglo I a. C.) y muchos otros lugares del Mediterráneo. Con toda probabilidad, los gatos embarcaron, o se les embarcó, en los buques comerciales que transportaban cereales desde los puertos egipcios hacia todo el Mediterráneo, y en ellos se mantenían ocupados cazando ratones. Una interesante hipótesis de Neil Todd vincula la colonización de Europa y la cuenca mediterránea por parte del gato a su pasión por los barcos, un entorno al que se habría adaptado perfectamente al encontrar numerosas oportunidades de viajar gracias al desarrollo del comercio marítimo: los gatos debieron de acompañar a los navegantes fenicios (llamados «ladrones de gatos» por los antiguos egipcios), griegos, romanos y etruscos. Por otra parte, estos «gatos de mar» eran tan importantes que hasta 1975 –cuando se prohibió por razones sanitarias tener animales a bordo– estuvieron presentes en todos los buques de la marina británica (muchos de ellos se hicieron famosos, como el gato Oscar, apodado Unsinkable Sam, porque sobrevivió al hundimiento de tres buques de guerra en los que iba a bordo).

Los romanos, que para el control de roedores utilizaban hurones (*Mustela furo;* el hurón es el resultado de la domesticación del turón europeo, *Mustela putorius,* y fue empleado por griegos y romanos no solo para el control de roedores, sino también para la caza del conejo), al principio no apreciaron los servicios que ofrecían los gatos, que probablemente fueron introducidos por los griegos en el sur de Italia (o por los etruscos, no se sabe con certeza), ni comprendieron su increíble potencial como animales de compañía. Fue el agrónomo del siglo IV d. C. Rutilio Emiliano Paladio quien sugirió utilizar gatos para controlar los topos que hacían estragos en los cultivos de alcachofas («Contra talpas prodest cattos frequenter habere in mediis carduetis», Paladio, *Opus Agriculturae).* El gato apenas se menciona en las fuentes literarias griegas y romanas porque su papel lo ocupaba el hurón y durante mucho tiempo fue considerado un animal dañino que cazaba pájaros y destruía nidos. Esopo y Fedro se refieren a él como un animal astuto y cínico. Por otra parte, como relata Claudio Salone en su libro *Sul limitare: il gatto ai tempi dei Greci e dei Romani,* la representación más antigua del gato (un hermoso gato atigrado) lo muestra en la época romana agarrando firmemente una perdiz que, eso sí, tiene las patas atadas. El gato es un «ladrón de gallinas», y no un orgulloso cazador (como también demuestra el famoso mosaico encontrado en la Casa del Fauno de Pompeya, siglos II-I a. C.; y como reiteran otros dos mosaicos romanos con el mismo tema). A pesar de esta mala reputación y de la poca estima que les tenían los pueblos romanos y griegos, ambos contribuyeron a la propagación de los gatos por Europa, tanto siguiendo al ejército en las conquistas territoriales como a lo largo de las rutas comerciales. A mediados del siglo IV d. C., los gatos domésticos ya estaban presentes en Britania y hacia el año 1000 eran comunes en casi toda Europa y Asia.

Desde los puertos de la cuenca mediterránea hasta el interior, el paso no debió de ser muy largo, ya que los viajes y el transporte humanos también se extendieron a lo largo de las rutas comerciales hacia Oriente. El gato llegó a China y la India hace unos 2.000 años y desde esas tierras se desplazó hacia el sudeste asiático y las islas.

Pero ahora voy a tener que barajar un poco las cartas y crear suspense, porque en 2014, en una revista científica de primer nivel, *Proceedings of the National Academy of Science* (PNAS), un grupo de investigadores chinos liderados por Yaowu Hu, tras examinar mediante datación por radiocarbono y estudio osteométrico ocho huesos de felinos (restos de al menos dos gatos) hallados en el asentamiento agrícola de Quanhucun (provincia de Shaanxi, noroeste de China) del periodo Yangshao medio-tardío (Neolítico medio, hace entre 5.560 y 5.280 años), demostraron que este gato era más pequeño que el gato montés moderno *F. s. lybica* y que su tamaño estaba dentro del rango característico de los gatos domésticos modernos. Además, cuando se realizó el análisis del isótopo estable del colágeno ($\delta^{13}C$ y $\delta^{15}N$) en los mismos restos, los altos valores de dos de los tres huesos del gato de Quanhucun se interpretaron como prueba de una dieta basada en roedores que comían mijo (el mijo se caracteriza por altos valores de $\delta^{13}C$) y de que la condición de comensales de los gatos del periodo Yangshao de Quanhucun podría haber conducido finalmente a su domesticación. En conclusión, China habría sido una segunda «cuna» de la domesticación del gato.

Poco después, tres investigadores israelíes rebatieron la interpretación del valor del isótopo del colágeno de los huesos de estos gatos y lo consideraron demasiado bajo para un animal hipercarnívoro como el gato, por lo que sugirieron que existen hasta cuatro especies de felinos en la zona de estudio a las que podrían pertenecer esos huesos y que, por tanto, sin un estudio morfométrico preciso que determine con razonable certeza a qué especie pertenecen los restos, no es posible hablar de comensalismo entre gatos y humanos en esta región y en aquella época. Y así, en 2016 apareció un artículo en la revista (igualmente prestigiosa) *PLOS ONE,* firmado por Jean-Denis Vigne y su grupo de investigación, que ya hemos mencionado en el primer capítulo, en el que analizaban restos de pequeños felinos del Neolítico medio y tardío (hace 5.500 y 4.000 años) procedentes de varios yacimientos arqueológicos de las provincias de Shaanxi y Henan. Actualmente, en esta zona habitan cuatro pequeños felinos salvajes: el gato salvaje asiático *(Felis s. ornata;* 1,0-2,1 kg); el gato de Biet *(Felis s. bieti;* 4,0-6,5 kg); el manul *(Otocolobus manul;* 1,8-4,0 kg), y el gato leopardo *(Prionailurus bengalensis;* 1,5-3,8 kg). Descartando que los gatos de Quanhucun pudieran ser *F. s. bieti* (que es mucho más grande) u *Otocolobus manul* (que tienen la cabeza y la mandíbula mucho más macizas), los investigadores plantearon la siguiente hipótesis: que puedan pertenecer a las especies *F. s. orna-ta* o *P. bengalensis,* o bien que representen a los primeros gatos domésticos *(F. s. lybica)* importados del suroeste asiático. Los análisis de Vigne y sus colaboradores revelaron estrechas similitudes fenotípicas con el gato leopardo *(Prionailurus bengalensis)*, y no con *F. s. lybica,* aunque por falta de especímenes no pudieron excluir a *F. s. ornata,* el gato salvaje asiático que aún existe en el norte de la provincia de Shaanxi. Teniendo en cuenta que el gato leopardo es conocido por su capacidad para adaptarse a entornos antropizados, es posible que creara una relación de comensalismo con los primeros agricultores de los asentamientos neolíticos de Quanhucun, Wuzhuangguoliang y Xiawanggang (China). Ciertos factores llevan a pensar que estos gatos leopardo habían iniciado el proceso de domesticación: un gato se encontró bien colocado en una tumba, como si se tratara de una sepultura ritual; algunos dientes mostraban un extenso desgaste, típico de los animales domesticados y alimentados por el hombre, y no de los salvajes, y, por último, las cinco mandíbulas examinadas eran de un tamaño compatible con el de los gatos leopardo modernos. Hay que tener en cuenta que el gato leopardo se cría fácilmente y que en 1963 se hibridó con el gato americano de pelo corto para dar lugar a la raza bengalí. A pesar de estas pruebas (tenues, señala Vigne), el hecho es que en los gatos domésticos chinos modernos no hay ningún rastro genético de gatos leopardo, como cabría esperar si su domesticación hubiera tenido éxito y hubiese dado lugar a la dispersión de las poblaciones de gatos leopardo domésticos como en el caso del gato doméstico. Las primeras pruebas históricas de la presencia del gato doméstico *(F. catus)* en China se remontan a la dinastía Tang (618-907 d. C.), mientras que los huesos de gato más antiguos se encontraron en la tumba del rey Guangyangqing, en Dabaotai (Pekín), datada en el 45 a. C. (dinastía Han).

Un doméstico ya perfecto

A diferencia del perro, que ha sufrido numerosos cambios morfológicos durante la domesticación (acortamiento del hocico, disminución del tamaño y de los dientes y alteración del color y el tipo de pelo), el gato doméstico ha permanecido prácticamente inalterado durante muchos miles de años y solo tardíamente ha comenzado la labor de selección para modificar el color del pelaje, el tipo de pelo y el tamaño. El motivo de esta diferencia podría deberse a la naturaleza íntima de cada una de las especies: el perro es un animal social acostumbrado a vivir en manada con un «líder» al que se debe respeto porque se confía en él para dirigir y proteger al grupo y con el que todos cooperan en la caza y la defensa del territorio, mientras que el gato es un animal solitario, acostumbrado a valerse por sí mismo, orgulloso e independiente. El perro asumió desde el principio múltiples funciones: guardián, pastor, ayudante en la caza y compañero afectuoso, y esto hizo que el hombre fuera seleccionando los ejemplares más adecuados para cada tarea, diversificando algunos tipos de perro que ya se conocían desde la noche de los tiempos, como los musculosos molosos de guerra, los grandes pastores guardianes, los esbeltos y ágiles galgos, que también eran rápidos para la caza, y los pequeños perros falderos. El gato tenía una función mucho más especializada, cazar serpientes peligrosas y roedores que pudieran causar plagas, y para ello la madre naturaleza ya lo había equipado perfectamente. Pero si no tuvimos la necesidad de «modificarlo» con fines utilitarios, lo que sí se hizo fue volverlo más atractivo a nuestros ojos, y por eso las variaciones más llamativas en nuestros gatos se refieren a la coloración del pelaje. Hoy en día estamos rodeados de gatos totalmente negros o totalmente blancos; gatos blancos con manchas negras o grises, o gatos negros con máscara facial y patas blancas; gatos rojos; gatos tricolores; gatos atigrados con manchas blancas, etc. En cambio, el gato salvaje solo tiene un tipo de pelaje: rayado o atigrado (*mackerel tabby,* de *mackerel,* 'caballa'), que consiste en un fondo gris o marrón sobre el que corren finas rayas negras por todo el tronco, las patas y la cola. En realidad, el pelo no es de color uniforme, sino que el tallo presenta una banda clara entre dos bandas negras. El término «agutí» *(agouti),* con el que se designa esta coloración de cada pelo, deriva del nombre que se da a varias especies distintas de roedores sudamericanos pertenecientes al suborden de los histricomorfos y al género *Dasyprocta,* cuyo pelaje puede considerarse el arquetipo del agutí.

Más adelante nos ocuparemos de la compleja genética que subyace a la coloración y los patrones del pelaje del gato. Pero ahora me gustaría destacar que ya en la

Antigüedad apareció una variación de las rayas, que se hicieron más pronunciadas y anchas hasta unirse entre sí formando espirales o manchas negras: el atigrado clásico *(blotched tabby)*. La investigación que en 2017 permitió delinear la dispersión del gato doméstico en el mundo antiguo gracias al estudio de los mitotipos o linajes genéticos (véase el capítulo 1) también ha descubierto que la mutación responsable del patrón atigrado clásico *(blotched tabby)*, presente en el 80 % de los gatos modernos, aparece alrededor del siglo XIII, durante el Imperio otomano en el sudoeste asiático (en un área correspondiente a Irán), y desde allí se extiende por los países mediterráneos, tanto por tierra como por mar, y por el corredor Marsella-París hasta llegar a Inglaterra. En el siglo XVIII era tan común que Linneo lo reconoce como un morfotipo del gato doméstico. De hecho, la iconografía egipcia nunca muestra gatos con este tipo de patrón, sino solo con el atigrado *(mackerel tabby)* de tipo salvaje, de acuerdo con datos paleogenéticos recientes. Y así, de un color a otro, descubrimos que el gato viajó mucho en la Antigüedad, convirtiéndose en un auténtico trotamundos, por más que en realidad tuviera una naturaleza muy territorial y poco inclinada a desplazarse para conquistar nuevos territorios.

Parece ser que el color naranja se originó en Asia Menor y que desde allí llegó al norte de Europa, hasta las lejanas islas Feroe, en barcos vikingos, y más o menos la misma suerte corrieron los gatos blancos, que probablemente se originaron en Turquía. Cada vez que aparecía un nuevo color o patrón en las poblaciones de felinos domésticos, alguien se enamoraba de él y se lo llevaba a casa tras un largo y arduo viaje. Así, en Siam (hoy Tailandia), los monjes del periodo de Ayutthaya (1350-1767) ya conocían los ecotipos reconocibles por el color y la longitud del pelo, como el siamés, el korat y el birmano. El naturalista francés Georges-Louis Leclerc (conde de Buffon) también describió «razas» de gatos, como el angora y el cartujo o Chartreux. Con este material genético a nuestra disposición, proporcionado por las numerosas *landraces* (poblaciones indígenas con rasgos distintivos), hemos tardado en seleccionar gatos de raza pura. Los primeros aparecieron en la exposición felina celebrada en el Crystal Palace de Londres en 1871, donde solo se exhibieron cinco razas (británico, persa, abisinio, angora y siamés). La mayoría de las razas de gato conocidas hoy en día (alrededor del 80 %) son el resultado de la selección llevada a cabo en los últimos setenta y cinco años de rasgos de valor estético determinados por un único gen. Mientras que en el caso de los perros tenemos unas 400 razas reconocidas, en el de los gatos las cifras son realmente reducidas: en Estados Unidos, la Cat Fanciers' Association (CFA) reconoce actualmente cuarenta y cinco razas; la Fédération Internationale Féline enumera cuarenta y ocho razas, y la International Cat Association (TICA) reconoce setenta y una, desde el abisinio, quizás la raza más antigua, hasta la más reciente lykoi (o gato lobo).

Genética de la coloración del pelaje

Todos los gatos que me han acompañado a lo largo de la vida, empezando por el primero que entró en casa casi clandestinamente, eran mestizos y tenían un pelaje muy distinto. Micio era atigrado con tonos entre marrones y grises. Schizzo era atigrado gris. Micio 2, apodado «la vendetta», era atigrado con las patas y el pecho blancos. Micetta y Tris eran dos calicós muy distintas: Micetta era blanca, gris y crema (calicó diluido), mientras que Tris era blanca, negra y roja. Nerina y sus cuatro crías (gatos semisalvajes que durante dieciséis años acudieron al comedor de casa Valsecchi) eran completamente negros, unos de pelo corto y otros de pelo largo. Matisse, el último de la casa, era igual que el gato Félix, blanco y negro.

Una buena variedad, pero que solo representa una pequeña parte de las posibles combinaciones de colores del manto de los gatos. De hecho, el proceso de domesticación de los animales trae consigo nuevos colores y dibujos en el pelaje de los gatos domésticos. Mientras que las especies salvajes presentan, por lo general, un pelaje uniforme y muestran colores y patrones especie-específicos, las especies domesticadas son muy variables tanto en coloración como en tipo de pelaje. Pero ¿qué hay detrás de esta fantástica variedad? Obviamente, genes, muchos genes, y complejos procesos de síntesis y distribución de la melanina. Hasta ahora se han identificado más de 150 genes que influyen de diversas formas en la pigmentación del pelo y otros 150 *loci* genéticos asociados al color del manto. Muchos de los genes identificados actúan en el desarrollo de los melanocitos, las células que producen los pigmentos, y en la cadena de producción de dos melaninas, que son pigmentos negros, marrones o rojizos, la feomelanina y la eumelanina, así como en su distribución y dilución. Los melanocitos derivan de las células de la cresta neural (precisamente las células que se cree que están en la base de muchas características de los domésticos). Los precursores de los melanocitos, los melanoblastos, migran de la cresta neural a diferentes partes del tegumento en un periodo preciso del desarrollo embrionario. Las áreas del cuerpo a las que los melanoblastos no lleguen a tiempo no presentarán melanocitos y, por lo tanto, quedarán blancas; suelen ser las zonas más alejadas de la cresta neural: patas, vientre y hocico. Este fenómeno de presencia de manchas blancas se denomina «leucismo», mientras que el albinismo deriva de la incapacidad de los melanocitos de realizar el proceso de melanogénesis debido a la ausencia o defecto de la enzima tirosinasa, responsable de la producción de los pigmentos (el albinismo puede darse en diversos grados en todos los animales, incluido el ser humano).

La coloración del manto puede ser de dos tipos fundamentales: estampada *(patterned),* es decir, con manchas blancas, moteada, rayada o leopardada; o sólida, es decir, lisa, sin ningún dibujo. Estos dos tipos de manto derivan de la coloración base del pelaje, que se define por la proporción de eumelanina y feomelanina, y a su vez esta proporción está controlada por el gen *ASIP,* productor de una proteína (proteína de señalización agutí) que interactúa con el sistema receptor de melanocortina 1 (MC1R). El manto es negro cuando domina la eumelanina y rojo cuando domina la feomelanina, con todas las posibles variaciones intermedias resultantes de esta relación y de la influencia de otros genes que, en conjunto, determinan la gran variedad de fenotipos distintos. A continuación se presenta una versión muy simplificada de la intrincada genética responsable de la coloración y los patrones del manto del gato.

El gen *B (Brown)* codifica la enzima TYRP1 (proteína 1 relacionada con la tirosinasa), implicada en la melanogénesis: en concreto, en la producción de eumelanina. La forma dominante *B* (que es el alelo original del tipo salvaje, *wild-type)* determina la coloración negra, mientras que los dos alelos recesivos determinan el color chocolate *(b; chocolate)* y canela *(b¹; cinnamon)*. El color también puede diluirse por la proteína melanofilina (MLPH), que está codificada por el gen *d (Dense)* y regula la intensidad de la pigmentación del tallo piloso influyendo en el tamaño, la forma y la distribución de los gránulos de melanina. Un gato homocigótico recesivo *dd* no tendrá un manto negro, sino azul/gris; ni chocolate, sino lila (marrón/grisáceo); ni rojo, sino crema; ni canela, sino pardo. La ausencia de pigmento que determina la presencia de manchas blancas en el manto o incluso un manto totalmente blanco viene dada por el gen *KIT* y se indica con la letra *W (White),* que presenta cuatro alelos: W^T (blanco dominante, asociado a la presencia de ojos azules y sordera); W^S (manchas blancas en proporciones variables, *white spotting); w⁺* (fenotipo salvaje sin manchas blancas, *wild-type),* y w^g (recesivo, determina la presencia de guantes blancos; véase tabla 3).

Tabla 3. El sistema genético y la expresión fenotípica de la coloración del manto en el gato doméstico

Locus	Gen	Alelo	Fenotipo
W (White)	KIT	W^T	manto blanco
		W^S	manchas blancas en proporción variable
		w^+	fenotipo salvaje sin manchas
		w^g	guantes blancos
B (Brown)	TYRP1	B	tipo salvaje *(wild-type)*, sin dilución de eumelanina, color negro
		b	chocolate
		b^l	canela
C (Albino)	TYR	C^+	amarillo, arena y pardo: sin dilución de melanina
		c^b	Burmés (dilución termosensible, manto *pointed*)
		c^s	Siamés (dilución termosensible, extremo del manto *pointed*)
		c	albino
D (Dense)	MLPH	D^+	negro: sin dilución de la eumelanina
		d	plata y azul por dilución de la eumelanina
A (Agouti)	ASIP	A^+	tipo salvaje, agutí, pelo con rayas oscuras y claras
		a	negro
O (Orange)	?	O	manto naranja
		o^+	no naranja
Ti (Ticked)	DKK4	Ti^A	ausencia de patrón atigrado
		Ti^+	expresión del patrón atigrado

Ta (Tabby)	*TAQPEP*	*Ta^M o Ta^+*	tipo salvaje, patrón atigrado rayado *(mackerel),* con rayas verticales
		Ta^b	atigrado clásico *(blotched)* con espirales

Nota: El término «locus» se refiere a un rasgo fenotípico que segrega de modo mendeliano; «gen» alude al fragmento de ADN codificante que está asociado o es responsable de un rasgo específico; «alelo» hace referencia a las distintas variantes del gen (la mayúscula indica alelo dominante, y la minúscula, alelo recesivo); «fenotipo» es la característica resultante de un alelo específico. Actualmente no existe una nomenclatura consolidada y ampliamente aceptada para los nombres y símbolos de los genes en los animales domésticos, por lo que es posible que en otros textos se utilicen símbolos distintos, sobre todo para los alelos.
Fuente: Adaptado de C. B. Kaelin y G. S. Barsh, «Genetics of pigmentation in dogs and cats», *Annual Review of Animal Biosciences,* 1, 2013, pp. 125-156.

El gen naranja O/o *(Orange),* situado en el cromosoma X, determina si el gato producirá eumelanina. Que un gato tenga el pelo naranja significa que el pigmento feomelanina ha sustituido completamente a la eumelanina. Dado que el alelo *O* es codominante con *o,* los machos, que disponen únicamente de una copia del cromosoma X, solo pueden ser naranjas, mientras que las hembras, que tienen dos cromosomas X, pueden ser *OO* (naranja), *oo* (sin naranja; por lo tanto, marrones, negras, etc.) o bien *Oo* y, en consecuencia, con un mosaico de colores: algunas partes naranjas y otras negras/blancas (el mosaico de colores depende del fenómeno de inactivación de uno de los dos cromosomas X). Una gata *Oo,* con pequeñas manchas blancas o ninguna, presentará una mezcla moteada de naranja/crema y negro/azul que recuerda al caparazón de la tortuga carey, y de hecho se la llama «carey»; mientras que a una gata *Oo,* con una gran cantidad de blanco y manchas más grandes y claramente definidas de color naranja/crema y negro/azul, se la denomina «calicó». A los gatos que presentan colores diluidos, con una coloración más clara gris/crema/blanco, como mi Micetta, se les llama «gato calicó diluido». Al tratarse de un caso de herencia ligada al sexo, hay poquísimos machos tricolores. Además, como el gen naranja es epistático (enmascara la expresión de otro gen) en el alelo no agutí *(a),* todos los gatos completamente naranjas muestran un patrón rayado (más o menos visible).

El gen *ASIP agutí A/a* codifica la proteína que regula la distribución del pigmento negro (eumelanina) a lo largo del pelo y determina la presencia de bandas alternas amarillas y negras con terminaciones negras. El alelo original de tipo salvaje *A (wild-type)* es dominante y produce pelos con bandas, mientras que el alelo recesivo *a* determina un color único (sólido) cuando está presente en condición homocigota *(aa).*

El patrón de pelaje atigrado *(tabby)* resulta de la presencia de rayas o manchas negras compuestas por pelos completamente negros intercalados con pelos con una distribución de color agutí. Hace casi 100 años, Phineas Whiting se dio cuenta de que tres de los cuatro patrones comunes de los gatos atigrados tenían una base genética simple basada en tres alelos: *Ticked (T^a), Mackerel (T^M) y Blotched (T^b).* En 2010, mediante técnicas de análisis genético más sofisticadas, se descubrió que el patrón viene dado por dos genes: *Tabby Ta (Ta^M y Ta^b; gen TAQPEP,* identificado en 2012) y *Ticked Ti (Ti^A y Ti^+; gen DKK4).*

Las variaciones alélicas en el atigrado cambian la forma, pero no el color de los patrones: en los gatos rayados (*mackerel*), el componente oscuro forma rayas verticales periódicas; en los gatos veteados (*blotched*), el componente oscuro forma remolinos, y en los gatos punteados, el componente oscuro forma pequeñas manchas parecidas a las del guepardo.

El gen *Ticked* epistático de *Tabby* determina la presencia o ausencia de dibujos en el pelaje: solo los heterocigotos Ti^A/Ti^+ presentan patrones en las patas, la cabeza y la cola, pero no en el resto del cuerpo, donde solo hay pelos agutís. Uno de los aspectos más interesantes de *Ticked* es su origen evolutivo. El gato montés africano y todas las especies del género *Felis* presentan el patrón *Tabby;* por lo tanto, *Ticked* es un alelo derivado (es decir, debido a una mutación). El fenotipo *ticked* es evidente en los felinos más lejanamente emparentados con el gato, como el león (*Panthera leo*), el caracal (*Caracal caracal*) y el puma (*Puma concolor*). Por lo tanto, podemos suponer que el fenotipo *ticked* surgió de forma independiente al menos cuatro veces durante la evolución de los felinos (géneros *Felis, Puma, Caracal* y *Panthera*). En al menos dos de estos casos (el león y el puma), los signos del atigrado son evidentes en los cachorros, pero no en los adultos. Por último, pero sin la pretensión de haber agotado el tema, tenemos la coloración más oscura del hocico, las orejas, la parte distal de las patas y la cola –típica, por ejemplo, de los siameses–, que se denomina *pointed* (gen *TYR, C*): el manto tiene un color uniforme que va del blanco al crema, con estos «puntos» oscuros que son el resultado de una mutación sensible a la temperatura en una de las enzimas de la ruta metabólica que desde la tirosina lleva a la formación de melanina, produciéndose poca pigmentación o ninguna, excepto en las extremidades o puntos donde la temperatura de la piel es ligeramente inferior.

3. Sintonicemos con *Felis catus*

¿Alguna vez habéis intentado caminar por el bosque una de esas noches en las que las nubes ocultan la luna o cuando hay luna nueva y no la vemos por ninguna parte? La oscuridad es casi total (el nivel de luz en una noche sin luna puede ser hasta 100 millones de veces más débil que el de la luz del día) y nuestro ojo solo puede percibir la presencia de formas y objetos tras un tiempo de adaptación adecuado, pero nuestra visión es tan limitada que lo más sensato, a no ser que llevemos una potente linterna, es buscar un lugar cómodo para esperar al amanecer. Nuestro gato, en cambio, después de pasarse horas holgazaneando durante el día en el sofá, justo cuando empieza a anochecer se activa para sus incursiones nocturnas. En este capítulo conoceremos la vista, el oído, el tacto, el gusto y el olfato de *Felis catus*.

En la oscuridad de la noche

Las cámaras trampa que pongo en el bosque que rodea mi casa de la montaña captan cada noche al gato del vecino mientras se pasea en la oscuridad y encuentra amigos, enemigos y presas. El secreto de esta extraordinaria capacidad de visión nocturna reside en ciertas características estructurales y funcionales del ojo del gato. Si bien es cierto que todos somos mamíferos, los órganos sensoriales se han especializado de distintas formas a lo largo del proceso de radiación adaptativa que llevó a los pequeños mamíferos del Mesozoico (hace entre 248 y 65 millones de años), que vivían a la sombra de los grandes dinosaurios, a ocupar muchísimos nichos ecológicos, no solo terrestres, que quedaron vacantes tras la extinción masiva del Cretácico superior (hace entre 114 y 65 millones de años).

Por el estudio del registro fósil sabemos que la mayoría de los primeros mamíferos eran animales pequeños, nocturnos e insectívoros, parecidos a una musaraña actual (como *Adelobasileus cromptoni* o *Hadrocodium wui*), pero las reglas generales siempre tienen excepciones en biología, y en 2000 y 2005 se descubrieron, en China, fósiles de mamíferos de hace 130 millones de años bastante más grandes (como *Repenomamus robustus* y *R. giganticus*), que probablemente se alimentaron de las crías del dinosaurio *Psittacosaurus*.

Puesto que, a fin de cuentas, todos los mamíferos actuales descienden de estos animales nocturnos, la oscuridad ha tenido una enorme influencia en la evolución del sistema sensorial. A diferencia de otros vertebrados terrestres, los mamíferos no han confiado en la vista como canal privilegiado para recibir estímulos a distancia, mientras que han ampliado enormemente la diversidad de receptores olfativos y han especializado el oído en las altas frecuencias precisamente para poder captar con eficacia todos los estímulos ambientales incluso en la oscuridad. Pero dicho esto, también hay que decir que el ojo del gato es definitivamente más eficaz que el nuestro a la hora de guiarlo en plena noche porque tiene algunas características que difieren de las nuestras: aunque el ojo del gato tiene un tamaño similar al nuestro, en relación con el tamaño de la cabeza es mucho mayor, y la pupila se ensancha tres veces más que la nuestra para captar cada minúsculo rayo de luz en la oscuridad. Además, detrás de la retina hay una capa reflectante iridiscente, el *tapetum lucidum,* que actúa como un reflector que refleja la luz en los receptores retinianos, con lo que la capacidad visual aumenta en un 40 %, lo que –aparte de darle un aspecto especial debido a los reflejos verdes que se producen en la pupila– resulta perfecto para cazar pequeñas presas incluso de noche. La propia retina difiere por la proporción de conos y bastones: los gatos tienen alrededor de veinticinco bastones (fotorreceptores que detectan solo el blanco y el negro, pero que son sensibles incluso a baja intensidad luminosa) por cada cono (fotorreceptores que detectan los colores, pero solo con luz fuerte), y los bastones están conectados entre sí en haces, por lo que son 4.000 veces más sensibles a la luz que los conos. Como consecuencia de ello, el ojo tiene buena visión nocturna (escotópica), mientras que pierde definición de imagen a plena luz del día (visión fotópica). En

resumen, el ojo del gato es perfecto para la caza nocturna, aunque menos útil a plena luz del sol; los pocos conos presentes están dispersos por toda la superficie reti-
niana y no concentrados en la fóvea (parte central de la
retina), como en nuestro ojo, por lo que su visión diurna
es muy pobre en cuanto a detalle y precisión. La visión
de los colores también está limitada por tener tan solo
dos tipos de conos: los sensibles al azul y los sensibles al
amarillo (de hecho, solo hay dos tipos de opsinas, las
proteínas que forman parte del pigmento visual). Por
tanto, el gato, como la mayoría de los mamíferos, posee
una visión dicromática. Ven el azul y el amarillo y distinguen entre el azul y el violeta, pero no es fácil reconocer
su visión cromática porque no muestran interés cuando
se les somete a pruebas de discriminación de formas co-
loreadas, lo que sugiere que los colores no tienen gran
relevancia en su mundo perceptivo. Al fin y al cabo, su
actividad nocturna no requiere la misma riqueza de matices y saturación de colores que tenemos, por ejemplo,
los seres humanos. Un estudio de 2014 confirmó que el
cristalino de los gatos, como el de muchos otros mamíferos, transmite cantidades significativas de luz ultraviole-
ta (UVA 315-400 nm), lo que sugiere que poseen sensibilidad a esta parte del espectro de radiación luminosa.

Otras características del ojo que son importantes para
definir la sensibilidad a la luz y la profundidad de la visión son la convergencia orbital (es decir, el grado en que
las órbitas miran en la misma dirección haciendo que los
ojos sean más o menos frontales) y la amplitud del campo visual. Si los ojos están situados lateralmente al cráneo, y por tanto hay poca convergencia, el campo visual

monocular se solapa poco, mientras que si están situados más frontalmente, y por tanto hay mucha convergencia, los campos visuales monoculares se solapan permitiendo la visión binocular. La visión binocular es una característica del sistema visual que permite percibir la tridimensionalidad del mundo que nos rodea y evaluar las distancias relativas de los objetos en el espacio, de manera que se pueda, como en el caso de nuestro protagonista, saltar, trepar y atrapar presas juzgando con precisión las distancias. Los mamíferos tienen mayor convergencia y más campos visuales superpuestos que las aves y los reptiles (serpientes y lagartos), y, entre los mamíferos euterios, que no sean primates, las especies crepusculares o nocturnas presentan el mayor grado de convergencia orbital y campo visual (el gato tiene una convergencia orbital de 65,4° y un campo visual binocular de 120°). Estas características, además de favorecer la visión binocular, aumentan la probabilidad de captar la luz dentro de la región de solapamiento en un factor aproximado de entre 1,25 y 2.

El gato no enfoca bien los objetos que están demasiado cerca (menos de 30 cm) ni los que están demasiado lejos. La limitada capacidad de acomodación del cristalino hace que pueda ver bien a una distancia de hasta 6 m, mientras que los seres humanos podemos ver bien hasta 20 o 30 m. Aun esto, si lo pensamos bien, no es una gran desventaja para un animal que practica la caza por emboscada y que, por tanto, nunca se encuentra a gran distancia de su presa. En cualquier caso, la madre naturaleza lo ha dotado de un cristalino multifocal y una pupila hendida que compensan la menor eficacia del enfoque incluso con luz intensa cuando, para proteger la retina, la pupila se estrecha hasta una finísima hendidura vertical de menos de 1 mm de anchura. Espero que todos estos detalles «técnicos» sobre las características anatómicas y fisiológicas del ojo del gato no nos hayan hecho olvidar su mirada magnética. Desafío a cualquiera que tenga o haya tenido un gato a negar que le fascina la forma en que los gatos nos miran fijamente y la intensidad de su mirada. Nunca olvidaré la forma en que Micia, cuando consideraba que era hora de irse a dormir, se sentaba en la mesita del salón delante de mi madre, que estaba viendo la televisión, mirándola inmóvil e intentando hipnotizarla para convencerla de que se fuera a la cama, una práctica que se le daba muy bien, porque la tierna y pequeña minina era en realidad una gata muy determinada que mantenía a raya hasta a los perros de la familia. Por ejemplo, cuando no quería que uno de ellos entrara en la cocina, solo tenía que sentarse en el umbral y mirarlo fijamente, sin necesidad de gruñir, amenazar ni erizar el pelo: le bastaba con mirarlo para que el perro retrocediera.

¿Qué sabemos de la mirada como medio de comunicación entre el gato y el ser humano?

En la mayoría de los casos, los animales de compañía pasan gran parte del tiempo con nosotros, los humanos, por lo que han perfeccionado sus habilidades de comunicación interespecífica, no solo siendo capaces de entender e interpretar las señales que les enviamos, sino también produciendo señales que nos dirigen a nosotros, lo que permite el intercambio de información social. El animal doméstico más estudiado desde este punto de vista es sin duda el perro, por razones obvias relacionadas con su domesticación y las numerosas tareas que realiza en cooperación con el ser humano. No creo que nadie se sorprenda si digo que se les ha prestado mucha menos atención a las capacidades sociocomunicativas del gato, por más que, como hemos visto, se trate de otra especie clave para la familia humana.

El estereotipo del gato como animal «doméstico pero no doméstico», su naturaleza solitaria y la dificultad objetiva del investigador para conseguir la atención y la cooperación de los gatos en las pruebas experimentales han jugado ciertamente en su contra. Sin embargo, mis colegas de la Universidad de Milán sometieron con éxito a veintisiete gatos a una prueba que ya habían utilizado con perros: en una situación ambigua y potencialmente perturbadora (la puesta en marcha de un ventilador con unas tiras de plástico verde pegadas), la mayoría de los gatos mostraron lo que se denomina una «mirada referencial» hacia el dueño, alternándola entre el ventilador y él.

Además, los gatos domésticos, como los perros, son capaces de realizar tareas de elección de un recipiente de comida utilizando gestos referenciales humanos.

Quiero detenerme ahora en un patrón de comportamiento bien conocido por los dueños de gatos y que estudió hace un par de años un grupo de investigadores de dos universidades inglesas: el parpadeo lento con el cierre (parcial o total) del ojo. Cuando miraba fijamente a mi madre, Micetta entornaba los ojos lentamente, los cerraba durante unos segundos y luego los volvía a abrir para volver a entrecerrarlos después. Este comportamiento, que en inglés se denomina *half blink* (literalmente, 'medio parpadeo'), ya se recogía anecdóticamente en diversas fuentes, pero actualmente hay pruebas experimentales que apuntan a que se trata de una forma de comunicación emocional positiva entre gatos y humanos. Los investigadores británicos sometieron a unos veinte gatos a dos experimentos en los que su dueño o un desconocido, sentado frente a ellos, entrecerraban lentamente los ojos, y descubrieron que los gatos también manifestaban el parpadeo lento con más frecuencia cuando sus dueños o el desconocido parpadeaban lentamente que cuando no se les proporcionaba este estímulo. Además, el estudio demuestra que los gatos perciben este parpadeo de forma positiva, ya que prefieren acercarse a un investigador después de que se haya producido una interacción de parpadeo que cuando el investigador adopta una expresión facial neutra sin contacto visual directo con el gato. Los autores concluyen que estamos ante una forma de comunicación visual que se produce en un contexto emocional positivo y relajante, aunque queda por determinar si este comportamiento es un rasgo que ha evolucionado con el tiempo o si es aprendido, como efecto del refuerzo de sus dueños. También es posible que el parpadeo lento se originara como un mecanismo para interrumpir la mirada fija, que, por el contrario, tiene un significado amenazador en las interacciones sociales: un gato que te mira fijamente a los ojos y luego parpadea lentamente podría amortiguar la tensión durante un encuentro o enfrentamiento. La combinación de selección y aprendizaje en el entorno doméstico podría haberle atribuido a este comportamiento un significado comunicativo. Seguro que a partir de ahora le prestaremos mucha más atención a nuestro gato cuando entrecierre los ojos, pues probablemente sea un momento mágico en el entendimiento con nuestro felino.

Sonidos y ultrasonidos

Observar a un gato al acecho es para personas pacientes y sin prisas: en un campo, un gato puede permanecer sentado e inmóvil durante horas sin hacer aparentemente nada. En realidad, lo más probable es que esté escuchando sonidos que nosotros no percibimos, provocados por un topillo campesino *(Microtus arvalis)* o una musaraña bicolor *(Sorex araneus)* que salta entre la hierba. Ahora bien, excluyendo que una musaraña con sus buenos 10 g de peso pueda producir ruidos muy fuertes al moverse entre las briznas de hierba en busca de sabrosos insectos, caracoles y gusanos, el gato debe ser capaz de percibir sonidos en frecuencias distintas a las nuestras.

Para adentrarnos en el *Umwelt* (el universo subjetivo propuesto por Jakob von Uexküll) del gato, tenemos que ahondar un poco en el mundo de la bioacústica. El sistema auditivo les proporciona a los animales la capacidad de detectar y percibir sonidos en una amplia gama de frecuencias e intensidades. Las ondas sonoras son captadas por la oreja, dotada de pabellón auricular (pinna), y recorren el conducto auditivo para hacer vibrar la membrana timpánica, que a través de la famosa cadena de huesecillos del oído medio (martillo, yunque y estribo) transmite las vibraciones al oído interno a través de la ventana oval. No puedo dejar de hacer una digresión propia de un profesor de la evolución de los vertebrados: ¿sabíais que el martillo y el yunque son el resultado de la transformación y translocación de dos pequeños huesos de la articulación entre el cráneo y la mandíbula que se llaman «articular» y «cuadrado»? En la evolución de los sinápsidos primitivos, anteriores a los mamíferos modernos, estos dos pequeños huesos cambiaron de posición y función para permitir el desarrollo de una mayor capacidad auditiva en los mamíferos.

En el oído interno, los canales semicirculares del aparato vestibular transmiten la onda sonora amplificada que llega a la cóclea, la cual, gracias a la presencia del órgano de Corti (un conjunto de células ciliadas sensoriales) en su interior, deconstruye los sonidos de distintas frecuencias e intensidades en señales eléctricas que pueden ser interpretadas por el cerebro. Estas señales eléctricas, pasando por el octavo par craneal, llegan hasta el cerebro, donde se procesan en la corteza auditiva.

La sensibilidad acústica de los gatos oscila entre 45 Hz y 85 kHz, y, aunque existen datos algo dispares en la literatura científica (algunos fijan el límite superior en 65 kHz), hay acuerdo general en que los gatos perciben los ultrasonidos, es decir, los sonidos de frecuencias altas que se encuentran por encima del rango auditivo humano (20 kHz es el punto de referencia). La sensibilidad a las altas frecuencias mejora la percepción de los ruidos generados al pisar hojas o romper ramitas, y además, con una frecuencia más amplia, se perciben mejor los retrasos en la llegada de la señal, sobre todo si son impulsos, como los ruidos mencionados, lo que permite localizar espacialmente la fuente (para atraparla o huir de ella).

En general, el desplazamiento hacia las frecuencias altas conlleva una reducción de la sensibilidad a las bajas. Esto suele ocurrir en los mamíferos, cuyo oído tiende a atenuar las frecuencias ambientales bajas, que de otro modo provocarían la saturación del sistema perceptivo (también en los seres humanos). Pero a diferencia de lo que se observa en la mayoría de las especies, en el gato existe una mayor sensibilidad y extensión a las bajas frecuencias que sin duda ha sido recompensada evolutivamente, quizá como ayuda a la caza o como mejor defensa contra los depredadores.

Más controvertida es la cuestión de si los gatos utilizan realmente los ultrasonidos de los roedores para localizarlos, como se dice en muchos libros sobre gatos. Lo único que he conseguido encontrar sobre el tema es una fantástica historia de 1967 que se publicó en una revista alemana de mastozoología. El autor del relato, hablando de la propensión de los gatos a comer ratones y no musarañas, probablemente por el supuesto mal gusto de estas últimas debido al sabor almizclado de sus glándulas, cita el testimonio de un granjero: el gato de la casa corría al cubo de la basura cuando había ratones cerca, ¡pero no cuando oía el chillido de las musarañas! El autor concluye, por tanto, que al menos algunos gatos experimentados son capaces de distinguir las musarañas de los ratones basándose en su oído y que las evitarían una vez que hubieran aprendido a distinguirlas. Aparte de esto, no he encontrado ningún trabajo científico que haya demostrado experimentalmente que los gatos responden a los ultrasonidos emitidos por los roedores, ¡y eso que son muy charlatanes!

Es posible que los gatos, con sus numerosos músculos (más de veinte) para girar la oreja incluso 180°, sean capaces de identificar una fuente de ruidos muy débiles y que esto les ayude en la caza. Sin duda, esta capacidad de localizar la fuente sonora se acompaña de la capacidad cognitiva de formar un mapa espacial, como demuestra un estudio muy reciente en el que se sometió a prueba a unos gatos que, encerrados en una habitación, se habían acostumbrado a oír la voz de su dueño llamándoles desde un altavoz colocado en la esquina de la habitación. Una vez que los gatos habían aprendido a localizar la fuente de la voz de su dueño, los investigadores les hicieron oír de nuevo la voz, pero esta vez procedente del exterior: los gatos mostraron sorpresa moviendo las orejas, girando la cabeza y mirando a su alrededor, porque la fuente de la llamada era de alguna manera «errónea», como si alguien hubiera teletransportado a su dueño.

Por último, cabe mencionar a los gatos que nacen sordos, generalmente debido a la degeneración de la cóclea. En su *Sobre el origen de las especies,* Darwin ya había observado la prevalencia de gatos sordos entre los gatos blancos, y desde entonces se han intentado rastrear los genes causantes de esta sordera, que puede ser unilateral o bilateral y a menudo se halla asociada a la presencia de uno o dos ojos azules.

En la intrincada interacción de los genes responsables del color del pelo –o más bien, en este caso, de la falta de pigmentación– y del iris de los ojos, se ha planteado la hipótesis de que existe un gen que tiene un efecto pleio-trópico que determina el color blanco, los ojos azules y la sordera en los gatos, pero los autores que estudia-ron una colonia de gatos blancos en la que el 67 % de los ejemplares eran completamente sordos concluyen con cautela que aún estamos muy lejos de comprender plenamente la base genética de estas características. Lo que es seguro es que un gato sordo en estado salvaje ten-dría una vida muy complicada y que solo la protección que le ofrece el ambiente doméstico le permitirá crecer y aprender a compensar este importante déficit con otros sentidos.

Entonces ¿cómo se las arregla nuestro encantador gato blanco, de ojos azules y sordo en la vida cotidiana?

Si el gato no nos oye

Un gato sordo de nacimiento compensa su pérdida audi-tiva con una mayor capacidad del cerebro para analizar estímulos visuales y somatosensoriales (incluidos los es-tímulos táctiles). Estos procesos son posibles gracias a la plasticidad del cerebro de los animales, incluido el ser humano, que en ausencia de información que normal-mente llega a una zona cerebral puede, en el curso del desarrollo, redirigir las neuronas de la zona que no reci-be aferentes hacia otra función.

En los gatos sordos de nacimiento, las neuronas de las áreas auditivas anteriores no responden a estímulos acús-ticos, que no les pueden llegar, sino que se activan con estímulos somatosensoriales y visuales, lo que no ocurre en los gatos con audición normal, cuyas neuronas responden casi exclusivamente a estímulos acústicos.

El cerebro que se halla privado de la posibilidad de recibir estímulos reutiliza gran parte de las áreas que no pueden emplearse para su función original, ya que si falta la entrada original en las primeras fases del desarrollo, las conexiones que normalmente estarían destinadas a degenerar se refuerzan y se vuelven funcionales, haciendo visual o somatosensorial una neurona que de otro modo habría sido acústica. En consecuencia, el gato desarrolla una extraordinaria sensibilidad táctil y visual. Y pensando precisamente en los estímulos visuales, un grupo de investigadores japoneses desarrolló el año pasado un prototipo electrónico para poder comunicarse con un gato sordo. La idea en sí es sencilla: como los gatos sordos son más sensibles a los estímulos visuales, prepararon un collar con una pequeña esfera que puede emitir destellos de color azul y de color rojo. El dueño puede hacer que esta esfera parpadee pulsando un pequeño mando a distancia que tiene tres funciones distintas. La primera, «dónde está mi gato», sirve para que el dueño localice al animal: cuando se pulsa el botón, la esfera emite un maullido, de forma que pueda encontrarlo y comenzar una sesión de juegos, por ejemplo, pulsando el botón correspondiente, que hará que la pequeña esfera parpadee de nuevo. Si el gato detecta la luz, el dueño empieza a jugar con él, y la repetición de estímulo y respuesta permitirá al gato asociar la luz a una actividad con su humano. Aunque de momento esta tecnología solo se ha aplicado a dos gatos, la opinión de sus dueños es que favorece la comunicación y la conexión emocional.

Un toque de elegancia

Tris está tumbada en el sofá y se está limpiando concienzudamente la pata delantera izquierda, eliminando hasta el último rastro de suciedad entre las almohadillas y las garras. A los diez minutos pasa a la pata delantera derecha y me doy cuenta de que esto va para largo: cierra cada patita como un pequeño puño y se lame por arriba, y luego la estira para limpiar bien cada espacio interdigital, extendiendo bien las garras. Este cuidado casi obsesivo de las patas, y en realidad de todo el cuerpo, les permite a los gatos mantener en perfecto estado de funcionamiento sus preciadas garras y las suaves almohadillas, que son esenciales para sujetar a las presas antes de matarlas, trepar por los árboles y marcar su territorio.

Los gatos, como hemos visto, son digitígrados: caminan apoyándose en los dedos, y no en toda la planta (como hacemos nosotros y los osos). Tienen un paso «acolchado» y elástico durante el cual las garras están protegidas dentro de una funda (vaina). El buen funcionamiento de las garras está asegurado por la sustitución periódica de la capa córnea externa, que se microfractura como consecuencia de los pequeños traumatismos del uso diario; y cuando la nueva capa córnea subyacente está lista, las microfracturas se ensanchan y, a veces de una sola pieza, esta «cáscara» se desprende dejando al descubierto una garra completamente nueva. Nunca olvidaré cuando Geppo recibió un zarpazo de Tris en la nariz solo por atreverse a pasar por delante de la cesta en la que descansaba, ¡y siguió dando vueltas por la casa con la vieja garra clavada en la trufa!

Las garras son protráctiles y retráctiles gracias a la presencia de dos tendones (el extensor y el flexor) y un ligamento elástico. La garra tiene una proyección curva en posición anterior, lo cual es muy ventajoso para agarrar presas y trepar por el tronco de un árbol, pero dificulta mucho el descenso. Por eso el gato tiene que aprender a bajar caminando hacia atrás para luego girar y saltar lo antes posible, ya que en esta fase las garras casi están estorbando. En definitiva, el gato no tiene la agilidad de una ardilla, que incluso corriendo de cabeza por un tronco consigue mantener un agarre firme.

La pata del gato está dotada de un gran número de mecanorreceptores (receptores que responden a la presión ejercida sobre la piel) que le confieren una extraordinaria sensibilidad al tacto. En cada pata hay unos 667 corpúsculos de Pacini (un tipo de mecanorreceptor), el 80 % de ellos en los dedos y el resto en la región palmar. Los corpúsculos se localizan en la dermis y el tejido subcutáneo de los pliegues cutáneos que cubren la garra, entre el tendón flexor de los dedos y la falange media, en el tejido adiposo subcutáneo de la almohadilla metacarpiana y en el pequeño músculo digital de la almohadilla carpiana. Se han encontrado corpúsculos dispersos en contacto con el periostio de las falanges distales y medias, la vaina del tendón flexor y la dermis de la región palmar.

¿Os imagináis un gato sin garras? Pues en Norteamérica y Canadá todavía se puede amputar quirúrgicamente la falange distal, en cuyo extremo crece la garra, para que el gato no estropee los sofás al afilarse las uñas o transmita la enfermedad del arañazo de gato (una infección causada por la bacteria gramnegativa *Bartonella*

henselae, que puede ser peligrosa para las personas in-
munodeprimidas). Esta práctica, la oniquectomía o de-
sungulación *(onychectomy o declawing),* es una verdade-
ra amputación de la última porción ósea del dedo, y por
tanto una falangectomía. En los países de Europa y muchos otros es una práctica que está prohibida porque es
muy invasiva y provoca dolor crónico, y porque además
cabe suponer, por analogía con lo que nos ocurre a nosotros cuando perdemos un miembro o parte de él, que
también genera el síndrome del miembro fantasma.

Los gatos amputados tienen una altísima probabilidad
de desarrollar dolor de espalda porque les falta la falange sobre la que normalmente caminan (P3). En su lugar,
la pata descansa sobre otra falange (P2), que no está «diseñada» para soportar el peso del gato. Además, con el
paso del tiempo, el tendón se retrae provocando la angu-
lación de P2, lo que hace que se cargue aún más peso sobre esta falange. Por lo tanto, no debe sorprendernos
que nuestro gato se vuelva agresivo y muerda (en parte
debido al dolor crónico y en parte porque carece de su
principal arma de defensa) o que orine y defeque fuera
del arenero como consecuencia del dolor que siente
cuando tiene que mover la arena y del estrés crónico que
esto le provoca.

Como decía, la pata del gato es extremadamente sensible al tacto, no solo por los corpúsculos de Pacini, sino
también porque presenta, por cada centímetro cuadrado
de la piel entre los dedos, hasta sesenta y ocho «domo
táctiles» *(touch domes;* nosotros tenemos unos 3,82 por
centímetro cuadrado), que son estructuras sensoriales
que contienen hasta 150 células de Merkel, las células

sensoriales sensibles al tacto que están presentes en la mayoría de los vertebrados, incluido el ser humano, en la capa basal de la epidermis y que están asociadas a una terminación nerviosa. La mayor concentración de terminaciones nerviosas de células de Merkel se encuentra en la raíz de las vibrisas (bigotes) de los mamíferos. Las vibrisas son pelos más largos, gruesos y rígidos que el resto del pelo del cuerpo. El gato las tiene a modo de mechones a los lados del hocico, encima de los ojos y detrás de las patas delanteras. Son extremadamente sensibles a las corrientes de aire, las vibraciones y el tacto, y se utilizan como sensores, por ejemplo, para moverse en espacios reducidos. Gracias a las vibrisas, los gatos ciegos recogen mucha información sobre el espacio y los objetos circundantes. Las vibrisas también son esenciales durante la caza nocturna, porque, orientadas hacia delante y desplegadas en abanico, le ayudan al gato a localizar a su presa cuando esta ya se encuentra muy cerca de su hocico y la vista le sería de poca ayuda.

De gustibus

Si tenéis la suerte de compartir la casa y la vida con un gato, seguro que habréis pasado por la experiencia de permanecer un buen rato delante de las estanterías de comida para gatos observando detenidamente cada producto, valorando la consistencia *(mousse, mousse* en dados, cubitos, cubitos en salsa, sopa, le gusta el caldo y es lo primero que lame...); el sabor (pollo, ternera, salmón, cordero, pavo, atún..., ¿y las verduras?, ¿le gusta con verduras o sin verduras?); la cantidad (85 g..., pero si no se lo come todo enseguida, ya no lo hará después, porque al cabo de unas horas no le gusta, así que mejor la lata de 50 g), y la marca (la última vez no quiso esas latas, vamos a probar con una marca distinta). Moviendo la cabeza poco convencidos, habréis terminado por meter en el carrito una gran variedad de latas y sobres con la esperanza de haber acertado con los sabores para la semana de Su Majestad el Gato y habréis salido de la tienda después de consolaros hablando con otros humanos que se enfrentan al mismo dilema: ¿le gustará? Si antes vuestro gato era un callejero flacucho y famélico que aceptaba de buen grado hasta la lata de 400 g de la tienda de descuento, os preguntaréis cómo habéis podido acabar metidos en semejante pesadilla solo un mes después de que el gatito se instalara en vuestro sofá. Cada vez que pongáis un poco de comida en su cuenco, el gato se os acercará con circunspección, como si le hubierais ofrecido veneno, y luego, después de olfatearlo bien, comenzará con un suave lametón para ver si es de su agrado y terminará la comida dejando algún residuo muy codiciado por el perro de la casa.

¿Queréis saber si habéis acertado con los gustos de vuestro gato? Observadlo bien, si entrecierra los ojos durante la comida (parpadeo lento), ¡habéis acertado de lleno! La comida le ha gustado y podéis ofrecérsela de nuevo. Otras señales útiles que emite con más frecuencia cuando está satisfecho con la calidad de su comida son lamerse la nariz, sacar la lengua y chasquear los labios. En cambio, si no le gusta la comida, pasará más tiempo olisqueándola, moverá la cola nerviosamente a izquierda y derecha y se acicalará mucho más tiempo: lo siento, pero no habéis acertado con sus preferencias y os transmitirá todo el estrés de tener que comer algo que no le gusta.

Ahora vamos a ver cómo funcionan el gusto y el olfato en el gato y si desempeñan algún papel a la hora de convertirlo en un comensal tan quisquilloso.

Lo primero que hay que saber es que los gatos no muestran preferencia o evitación por el sabor dulce de los carbohidratos o edulcorantes, mientras que se sienten atraídos por los aminoácidos y evitan los sabores amargo y ácido. En consonancia con esta evidencia conductual, las papilas gustativas de los gatos responden a estímulos salados, agrios y amargos, así como a aminoácidos y nucleótidos, pero no a la sacarosa ni a muchos otros azúcares. Por lo tanto, el sentido del gusto de los gatos parece similar al de otros mamíferos, incluidos los seres humanos, con la excepción de la capacidad de percibir el sabor dulce. Esta peculiaridad se debe a la falta de uno de los dos genes *(TAS1R3* y *TAS1R2)* que codifican en los mamíferos el receptor «dulce» T1R2/T1R3, concretamente el *TAS1R2*. Esta carencia refleja las preferencias alimentarias de los gatos y, en particular, explica el desarrollo de una dieta exclusivamente carnívora.

Desde hace algunos años, además de los cuatro sabores canónicos (amargo, dulce, ácido y salado), se reconoce un quinto sabor denominado «umami», que se define oficialmente como «un gusto sabroso que procede del glutamato y de diversos ribonucleótidos, entre ellos, el inosinato y el guanilato, que se encuentran de forma natural en la carne, el pescado, las verduras y los productos lácteos» (Centro de Información Umami).

El sabor umami, descrito y estudiado en Japón ya en 1908, se percibe gracias a los receptores gustativos mGLUr4, que responden a los glutamatos y nucleósidos, sustancias abundantes no solo en los ingredientes de la cocina japonesa, sino presentes, por ejemplo, en la leche materna (rica en glutamato), el queso parmesano, el jamón crudo, el atún, las setas y los espárragos. El glutamato monosódico, por ejemplo, está presente en los cubitos de caldo y ha levantado una gran controversia al considerarse perjudicial para la salud.

El año pasado, un grupo de investigadores de varios países descubrió que los gatos poseen receptores sensores de calcio (CaSR) que, al parecer, son responsables de un sexto sabor aún no reconocido, el kokumi (del japonés *koku,* 'rico', y *mi,* 'sabor'). Las sustancias derivadas del aminoácido cisteína y del tripéptido glutatión muestran una fuerte actividad kokumi, es decir, potencian el dulce, el salado y el umami, lo que confiere a los alimentos un sabor muy pleno, al tiempo que aumenta la palatabilidad de los compuestos derivados de la carne, como los aminoácidos y los péptidos. ¡Exactamente los elementos que necesita un hipercarnívoro! Mi Micetta vivió diecisiete años comiendo únicamente pechuga de pavo estrictamente cruda (aunque el veterinario me decía que tenía que cocerla), pescado hervido con un chorrito de aceite y espaguetis aderezados con aceite y queso parmesano: una dieta aparentemente poco ortodoxa, pero en realidad muy sabrosa y perfectamente en línea con el sabor umami y quizás incluso kokumi, ¡solo que entonces no lo sabíamos!

Los receptores del gusto se encuentran en las papilas gustativas de la lengua, el paladar, la faringe y la laringe del gato, pero este tiene un número relativamente bajo de papilas gustativas (unas 470) en comparación con otros mamíferos (los perros, 1.700; las vacas, 20.000; los seres humanos, 10.000, aproximadamente).

Un estudio de 2018 demostró que las papilas –que hacen que la lengua del gato sea tan «rasposa», lo cual resulta muy eficaz para raspar hasta el más mínimo rastro de carne del esqueleto de una presa– son huecas y contienen la saliva que el gato esparce por todo el pelaje al lamerse para limpiarse. Usando la lengua como nosotros hacemos al lamer el helado de un cucurucho, el gato moja la base del pelo con saliva, con lo que no solo consigue una limpieza eficaz sino que también controla la temperatura superficial, y de hecho es capaz de bajarla hasta 17 °C en la superficie de las zonas lamidas. Con un complicado cálculo basado en el tiempo que dedica el gato a lamerse el pelo y la cantidad de saliva producida, los autores del estudio determinaron que esta actividad puede suponer el 25 % del control de la temperatura corporal. Los autores, basándose en la disposición y morfología de las papilas, también crearon un cepillo que consideran muy eficaz para cepillar al gato y eliminar el pelo muerto.

Los gatos compensan su menor sensibilidad gustativa con un olfato que es catorce veces mejor que el humano. La razón por la que su sentido del olfato es mejor se ha atribuido en gran medida al hecho de poseer el doble de receptores en el epitelio nasal, al gran tamaño de los bulbos olfatorios en el cerebro (en relación con la masa total) y a la presencia del órgano vomeronasal, también llamado «órgano de Jacobson», situado en el paladar con un conducto que lo conecta tanto con la nariz como con la boca. Cuando percibe el olor de la comida, el gato abre la boca, baja la barbilla, curva la punta de la nariz y frota la lengua contra el paladar para que la saliva transporte las moléculas químicas al órgano vomeronasal (que está lleno de líquido). En la práctica, los gatos utilizan conjuntamente el órgano vomeronasal, la nariz y la lengua para «analizar» el sabor de un compuesto. El órgano vomeronasal también desempeña un papel importante en el comportamiento sexual de los gatos, pero de esto hablaremos más adelante. Por ahora termino diciendo que la industria de la comida para mascotas ha estudiado muy bien los gustos de los gatos y ha desarrollado una serie de aditivos para fidelizarlos, ¡o al menos intentarlo!

Marcaje olfativo

La extraordinaria capacidad olfativa del gato es fundamental para su vida social, y las marcas territoriales son un medio de comunicación a distancia. Vamos a conocerlas mejor.

Como buen animal territorial, el gato montés, especialmente el macho, necesita definir los límites de sus posesiones para advertirles a los posibles rivales de que se mantengan alejados de sus fuentes de alimento y de las hembras que se han instalado con él. Aunque es un animal solitario, debe comunicar su presencia a sus vecinos. Pero, por la noche, cuando es más activo, la vista no le resulta útil, e incluso la comunicación acústica no es muy eficaz por su carácter efímero. En cambio, dejar su olor en su territorio en forma de orina y heces sí que es un medio de comunicación adecuado. El gato doméstico no es tan distinto del salvaje: sabemos que el proceso de domesticación lo ha hecho más flexible socialmente, pero los gatos domésticos ferales que viven en libertad marcan y defienden sus territorios tanto como sus primos salvajes. Así, cuando hayáis querido adoptar a vuestro primer gatito macho, el veterinario o vuestros amigos amantes de los gatos a los que habréis acudido ansiosamente en busca de consejos y sugerencias os habrán dicho que a los seis meses de edad tendréis que liberarlo de sus atributos masculinos para evitar que, a medida que madure sexualmente, vaya marcando su territorio, es decir, vuestra casa, con rociadas de orina maloliente. El comportamiento es rápido e inequívoco: el gato le da la espalda a la pared, a la puerta o al objeto que pretenda marcar, yergue la cola y, mientras le vibra ligeramente, rocía orina contra la superficie elegida. Es inútil regañarle o gritarle: este comportamiento está tan íntimamente ligado a su supervivencia que será imposible evitarlo a menos que lo convirtamos, con la castración, en un eterno adolescente. Y no creáis que solo el macho utiliza el marcaje de orina: si bien con menor frecuencia, la hembra también marca su territorio con orina. Mi gata Tris, que era una auténtica cabezota, marcaba regularmente el jardín, pero no la casa, rociando orina.

La esterilización no siempre elimina este comportamiento por completo, pero sin duda reduce la probabilidad de que se manifieste. Depende en gran medida de la presencia de otros gatos en la casa o los alrededores. Un gato que ha sido hijo único, vive en un piso y nunca tiene contacto con otros gatos es poco probable que muestre este comportamiento una vez esterilizado, pero si vive en una casa con otros conespecíficos, es más probable que se sienta estimulado a dejar sus rastros de olor para recordarles a los cohabitantes que él también vive allí, ¡sobre todo si de vez en cuando hay asuntos pendientes!

La orina rociada resulta bastante pestilente debido a la presencia de un aminoácido, la felinina, cuya producción depende de la testosterona (por lo tanto, es máxima en los machos enteros, mientras que va disminuyendo gradualmente en los machos castrados, en las hembras enteras y en las hembras esterilizadas) y tiene un penetrante olor a azufre. Los otros gatos olfatean la orina con gran interés mostrando un comportamiento llamado «reflejo de Flehmen»: con el labio superior levantado y la boca ligeramente abierta, el gato lame la orina para enviar el olor hacia el paladar, donde, justo detrás de los incisivos, se abre el canal del órgano vomeronasal o de Jacobson. Este órgano desempeña un papel fundamental en la comunicación química en contextos sociales y sexuales, ya que se dedica a la percepción de feromonas, que son sustancias químicas –con muchas funciones distintas en el mundo animal– producidas por las glándulas exocrinas. El gato también marca su territorio con las heces. De hecho, no siempre las cubre con tierra o arena, como hace en su arenero en casa. Cuando estaba en el jardín, Tris dejaba las heces bien expuestas para que el gato de los vecinos pudiera olerlas, aunque también se ha observado que los gatos rurales tienen letrinas comunales en lugares con un sustrato poco consistente para cubrir las deposiciones.

Los investigadores han dedicado grandes esfuerzos a estudiar el uso y la función del marcaje de orina, pero sobre el uso y la función de las heces como elemento de marcaje se sabe muy poco. Un grupo de investigadores españoles descubrió que los gatos monteses eligen cuidadosamente los lugares donde depositan sus heces y tienen plantas favoritas en las que dejar la preciada señal, pues comprobaron que la hierba fina *(Brachypodium sylvaticum),* la carpaza *(Erica cinerea),* la carcasa *(Pterospartum tridentatum),* la retama *(Genista sp.),* la zarzamora *(Rubus sp.)* y la jara lanuda *(Halimium lasianthum)* se marcaron con más frecuencia de lo esperado en función de su disponibilidad en el entorno. Estas plantas herbáceas y arbustivas se eligen en función del diámetro y la anchura de las hojas, para garantizar que las heces no caigan inmediatamente al suelo, y de su visibilidad en el entorno. En pocas palabras, no se deja nada al azar. Las heces quedan preferentemente expuestas en los límites del territorio, y un estudio publicado en 2018 que analizaba las heces de gatos domésticos descubrió que contienen un compuesto volátil, el mercaptoetanol (MMB), derivado de la descomposición de la felinina que se produce en el intestino. Esta sustancia, que los gatos reconocen, podría ser, por tanto, una feromona sexual masculina que les proporciona información útil a los otros machos sobre quién vive allí. La cantidad de este volátil es significativamente mayor en las heces de los machos que en las de las hembras, y los machos tienen mayor capacidad para reconocer la sustancia que las hembras. A través de las heces, los gatos pueden reconocer el sexo del que las ha depositado, pero para el reconocimiento individual sabemos que utilizan los ácidos grasos liberados por las glándulas anales. Por eso, cuando dos gatos se encuentran, ¡se saludan olfateándose debajo de la cola!

La comunicación olfativa de los gatos también tiene lugar a través de una variedad de glándulas sebáceas que se encuentran, además de en la zona perianal mencionada, por todo el cuerpo, y particularmente en la cabeza. Sin embargo, no tenemos ningún análisis químico que nos diga lo que realmente contiene la secreción de todas estas glándulas. También las tienen a lo largo de la cola, pero sabemos que cuando un gato se frota las sienes o la barbilla contra un objeto o superficie, estas zonas se vuelven muy interesantes para otros gatos, que las olfatean y también se frotan contra ellas.

Tienen asimismo grandes glándulas entre los dedos, y por eso se cree, aunque sin pruebas experimentales, que cuando un gato rasca, por ejemplo, la corteza de un árbol, también libera una marca olfativa.

Se sabe que la secreción de las glándulas de las mejillas contiene cinco feromonas distintas (F1-F5): la F3 se deposita en los objetos contra los que el gato se frota mientras controla su territorio; la F2 la depositan los machos en los objetos en presencia de hembras en celo, por lo que probablemente tenga un significado sexual, y la F4 la depositan los gatos cuando se frotan entre sí, y podría tener una función afiliativa. Entonces, cuando llegamos a casa y nuestro gato se nos acerca con la cola en alto en señal de saludo y frota bien el cuerpo y la cabeza contra nosotros, ¿nos está marcando? Me gusta pensar que sí, que para reforzar el vínculo con nosotros, nos transmite su olor de forma que este se imponga sobre los olores desagradables que traemos a casa ¡y nos haga de nuevo aceptables en su territorio! Pero aún faltan pruebas científicas... Quién sabe, podría ser el próximo estudio de algún investigador curioso.

4. Cuestión de felinidad

Como hemos visto en los dos primeros capítulos, hoy sabemos con certeza que *Felis catus* tiene una ascendencia africana que ha realizado un largo viaje, a veces peligroso, a través de países, historia y culturas hasta instalarse cómodamente en nuestros hogares. Estoy segura de que cuando vuestro gato se os acurruca en el regazo y empieza a ronronear, pero luego, en cuanto está satisfecho, os hace saber bruscamente que ya ha tenido suficiente, os preguntáis si de verdad es un adorable gatito doméstico o si en realidad sigue siendo un tigre en miniatura que cree haber encontrado alguna ventaja al estar con vosotros pero que en el fondo no está del todo convencido de esta decisión. Para tratar de entender mejor la naturaleza íntima de nuestros gatos domésticos lo mejor es volver al monte e intentar descubrir algunos secretos de la vida del gato salvaje.

Érase una vez el gato montés

En este viaje de aprendizaje sobre el gato salvaje los zoólogos nos enfrentamos a un problema: el gato montés más estudiado es el europeo, pero el europeo vive en un entorno muy distinto al del gato montés africano, que es el antepasado de nuestro gato doméstico. El comportamiento de un animal es el resultado de la interacción entre su dotación genética y las presiones ambientales. Por eso, si os hablo de la vida y los hábitos del gato montés europeo, es posible que haya algo distinto para el africano. Por otra parte, los antepasados de nuestros gatos, una vez que llegaron a Europa, se hibridaron con el gato montés europeo y vivieron durante muchos siglos, y aún hoy, a caballo entre la vida en libertad y la vida doméstica.

Mi compañera y amiga Eugenia Natoli, por ejemplo, ha descubierto que en el noreste de Francia, en una zona en la que los gatos domésticos de las granjas entran en contacto con los gatos salvajes porque sus territorios se solapan, hay muchos más híbridos entre los domésticos que entre los salvajes: en pocas palabras, gatitos de granja que son fruto de fugas amorosas de gatas domésticas con los misteriosos machos salvajes. Por tanto, creo que hablar de todas estas variaciones sobre el tema de la «felinidad» puede ser interesante y útil para acercarnos a la naturaleza íntima del gato, sobre todo teniendo en cuenta que se han realizado muchos estudios etológicos precisamente sobre gatos domésticos que viven en libertad.

Felis silvestris (recuerdo que este nombre se utiliza hoy para referirse al gato montés europeo) ha sido objeto de muchas investigaciones en Europa, entre otras cosas, porque, como los humanos hemos destruido la mayor parte de su hábitat, muchas poblaciones se han extinguido y existe una gran preocupación por su supervivencia. Sabemos que es un animal solitario: el macho marca y defiende un territorio exclusivo de entre 800 y 2.000 ha (1 ha = 10.000 m²). Dentro del territorio del macho se encuentran los de algunas hembras, que son mucho más pequeños (entre 200 y 1.000 ha). Como consecuencia de esta organización, el macho tiene más parejas reproductoras en la temporada de cría, por lo que el sistema nupcial resultante es poligínico, y las hembras disponen de un territorio propio que les garantiza la abundancia de presas necesarias para vivir y reproducirse.

¿Por qué algunos gatos son polígamos y otros monógamos?

La «poligamia» (tener más de una pareja durante la temporada de reproducción) puede ser de dos tipos: se denomina «poliginia» cuando un macho se aparea con varias hembras que están en su territorio o constituyen su harén y «poliandria» cuando una hembra tiene varias parejas masculinas. Aunque es menos conocida, la poliandria se da en muchas especies animales, desde aves hasta grillos, turones, insectos eusociales, tamarinos y bandicuts. La «monogamia» se caracteriza por un vínculo social y sexual entre un macho y una hembra durante toda la temporada de cría o de por vida, «hasta que la muerte los separe».

La monogamia está muy extendida entre las aves, algunas de las cuales son muy conocidas incluso para los no especialistas, como el cisne blanco *(Cygnus olor)*, la cigüeña blanca *(Ciconia ciconia)*, la gaviota tridáctila *(Rissa tridactyla)* y el pingüino emperador *(Aptenodytes forsteri)*, y también la encontramos en los mamíferos, como el tejón común *(Meles meles)* y el lobo *(Canis lupus)*. Pero el verdadero campeón de la monogamia es el tití cobrizo *(Plecturocebus cupreus)*, que no traiciona nunca a su pareja. Pues, sí, porque desde que los zoólogos han podido realizar análisis genéticos de paternidad, se ha descubierto que los «fidelísimos monógamos» en realidad se permiten muchas «escapadas» con vecinos y vecinas territoriales para mejorar su éxito reproductivo.

Luego hay especies de cuyo sistema se dice que es «promiscuo» porque machos y hembras se aparean con múltiples parejas que forman parte del grupo social. Esto ocurre, por ejemplo, entre los primates, en el bonobo *(Pan paniscus,* una de las dos especies del género *Pan;* la otra especie es *Pan troglodytes,* el chimpancé común); entre ellos, el apareamiento no solo se produce por razones reproductivas, sino también para reforzar los lazos sociales, resolver conflictos y reconciliarse. Preguntémonos, entonces, qué presiones ambientales han llevado evolutivamente a algunas especies a formar una pareja estable, y a otras, a aparearse con múltiples parejas en cada temporada de cría. El tema siempre ha fascinado a los etólogos, porque, al fin y al cabo, a través del estudio del comportamiento animal también intentamos comprender algo más sobre nosotros mismos, y el tema de la elección de pareja es fundamental en la biología de todas las especies. Se han planteado muchas hipótesis distintas, pero en general hay dos elementos que resultan ser los más relevantes: la disponibilidad y distribución de las parejas sexuales y los recursos (alimentos, existencia de lugares idóneos para los nidos o guaridas, etc.). Para muchas especies de aves, por ejemplo, la distribución impredecible de los recursos es tal que un solo progenitor tendría pocas posibilidades de criar con éxito a los polluelos y es necesario el esfuerzo de ambos padres para procurar alimento suficiente para todos. En muchas especies de mamíferos que viven en grupos sociales en los que unos pocos machos monopolizan el acceso a las hembras, estas se aparean con varios machos repetidamente durante el celo para confundirlos sobre la paternidad y desalentar el infanticidio por parte de los machos. Así pues, el comportamiento sexual promiscuo sería una contraestrategia sexual.

Los machos de gato montés solo son sexualmente activos en invierno y primavera (no hay espermatogénesis en verano y otoño), mientras que las hembras, que suelen entrar en celo de invierno a primavera, pueden tener un segundo estro a finales de primavera o principios de verano si la primera camada se pierde prematuramente. El padre no participa en los cuidados parentales y le deja a la hembra la tarea de proteger y destetar a las crías. En cambio, del gato montés africano (*Felis lybica*) sabemos muy poco, por no decir casi nada. Un estudio realizado con seis gatos equipados con radiocollares reveló sus hábitos nocturnos y solitarios, mientras que algunas observaciones anecdóticas de un naturalista –enviado en 1921 por el Museo de Historia Natural de Londres– informan de la presencia en Darfur (Sudán) y el macizo de Ahaggar (en el centro del desierto del Sahara) de gatos monteses que viven en colonias en un sistema de madrigueras en el suelo. Sin embargo, las observaciones más importantes recogidas en las proximidades de lugares en los que se acumulan desechos han informado de la presencia de colonias de gatos domésticos, pero no de *F. lybica*. Los especialistas sostienen que si bien se constata una mayor sociabilidad en el gato montés africano, esta podría depender de la hibridación con el doméstico y no ser un rasgo original, aunque también podría ocurrir lo contrario: es posible que, en función de la distribución de los recursos, el gato montés africano sea menos rígido en su exclusividad territorial y que sea una mayor plasticidad lo que se halla en la base de las características que lo han «predispuesto» al contacto con los humanos. Pero llegados a este punto, entramos en el terreno de la especulación basada en unos pocos datos y anécdotas, por lo que considero que es mejor cambiar de rumbo y dirigirnos rápidamente al gato doméstico de vida libre, puesto que disponemos de abundantes datos científicos sobre él que nos permiten extrapolar una información sólida.

Thomas O'Malley del Arrabal

¡Que levante la mano quien no haya visto *Los Aristogatos,* la estupenda película de animación de Walt Disney! Cuando se estrenó, en 1970, yo tenía diez años y aún no tenía gato: solo a mi primer perro, Gigio, un antiguo perro callejero del pueblo al que nos acabábamos de mudar. Solo conocía a los gatos por las historias de mi madre, como París, donde está ambientada la película. De París y los gatos me hablaba ella. Duquesa, Marie, Toulouse y Berlioz, elegantísimos gatos de raza, futuros herederos de la riqueza de la cantante de ópera retirada Madame Adelaide Bonfamille, me recordaban a la gata de mi abuela y sus gatitos y a todas las historias que mi madre me contaba una y mil veces, cada vez que yo se lo pedía. Generaciones de gatos y gatas han llevado los nombres de los Aristogatos, pero el que de verdad fascinaba era Thomas O'Malley del Arrabal, que había ido a Francia con una pandilla internacional de amigos gatos de todas las razas y continentes. Thomas y Duquesa se conocen en la campiña francesa, donde el pérfido mayordomo Edgar había abandonado a la madre y sus gatitos para poder hacerse con su herencia. Thomas entabla amistad con Duquesa y le cuenta las delicias de la vida que lleva, una vida libre, aunque plagada de incertidumbres y dificultades. Al ver a los gatitos, se queda desconcertado, pero, cautivado por los grandes ojos de Duquesa, cede ante su sentido de responsabilidad y acompaña a la pequeña familia a París.

Pues bien, en todo esto hay algo de verdad. Como en el caso del gato montés, en el gato doméstico el cuidado de las crías es responsabilidad de la gata, pero las condiciones ambientales en las que viven los gatos en libertad (*free ranging*) son muy distintas (colonias urbanas vigiladas y cuidadas o grupos familiares en granjas) y, por tanto, las relaciones intrasexuales e intersexuales son variables.

El gato doméstico macho es sexualmente activo todo el año y no solo estacionalmente, y las hembras entran en celo de enero a octubre. Se les llama «poliéstricas estacionales» porque durante este periodo entran en celo cada quince días a menos que haya un embarazo (o pseudoembarazo o alguna enfermedad grave). La fecundidad y prolificidad de las gatas son legendarias; no es casualidad que los egipcios representaran a la diosa de la fertilidad Bastet con la apariencia de una gata. En la literatura se han descrito dos récords: una gata que dio a luz con éxito a los veintiséis años y otra que tuvo diecinueve gatitos, todos vivos. Estas dos gatas representan lo que los estadísticos llaman «valores atípicos» (muy distantes del resto de los datos; en inglés, *outliers*), porque en realidad las gatas tienen su pico reproductivo entre los 1,5 y los 8 años de edad, con una media de dos a tres camadas al año y de tres a cuatro gatitos por camada (sin embargo, el rango es de uno a quince gatitos). Así, una gata que es libre de aparearse puede parir entre 50 y 150 gatitos en diez años de actividad reproductora. Una vez finalizado el periodo de lactancia y destete de las crías, la hembra puede volver al celo en tan solo dos semanas, y lo mismo ocurre si se la separa de las crías a los tres días del nacimiento. De ahí que la única forma de controlar los nacimientos sea esterilizar a las gatas, sobre todo a las que viven en colonias urbanas o en granjas, y no solo a las domésticas (que a menudo son esterilizadas muy pronto porque, de no ser así, resultan difíciles de manejar). La evaluación del éxito reproductivo del gato macho (en inglés se llama *tomcat* al gato macho entero) es un asunto muy complejo que ha dado muchos quebraderos de cabeza a los etólogos. Para entenderlo tendremos que dar un paso atrás y volver a la vida social del gato.

Como decíamos, el gato montés es solitario –esto lo sabemos por numerosos estudios realizados en varios países europeos– y en su territorio viven unas pocas hembras que también son solitarias. El gato doméstico que vive en libertad en determinados entornos también sigue este estilo de vida solitario, como los gatos de las islas Kerguelen (archipiélago francés del sur del océano Índico). En 1951, los franceses introdujeron en Grande Terre (la mayor isla del archipiélago) a los gatos domésticos para controlar las poblaciones de ratas y ratones que habían llegado con los colonizadores y estaban infestando la estación de investigación. Los gatos no tardaron en volver a hacerse «salvajes». Además de ser un «retorno» al modo de vida original del gato salvaje, vivir solos defendiendo un territorio resultó ser la mejor estrategia al habitar en un entorno bastante hostil, con recursos tróficos distribuidos por todo el territorio y de pequeño tamaño (un estudio de la dieta de los aproximadamente 10.000 gatos que habitan en Grande Terre reveló que los conejos *Oryctolagus cuniculus,* los ratones domésticos *Mus musculus* y las aves, en menor porcentaje, eran sus presas preferidas). Los investigadores también han descubierto que los machos tienen acceso exclusivo a las hembras durante la temporada de celo, ya que los análisis de paternidad realizados en un cierto número de gatitos por primera vez revelaron con certeza que cada camada tenía un solo padre. Los autores, entre los que se encuentra mi amiga Eugenia Natoli, no llegaron a definir la estrategia reproductiva en esta población como un caso de poliginia o monogamia por falta de datos, pero desde luego los datos de paternidad son muy interesantes, porque difieren de los que ellos mismos encontraron en gatos domésticos urbanos o rurales en libertad.

Y con esto llegamos a nuestros gatos domésticos callejeros: ¿cómo se las arregla Thomas con las hembras en época de cría? ¿Está seguro de ser el único padre de una camada?

Todo comienza, como siempre, por la disponibilidad de recursos (David MacDonald –gran experto en mamíferos, y felinos en particular– propuso la hipótesis de la dispersión de recursos, *Resource Dispersion Hypothesis* o RDH, en 1983): en las colonias felinas de la ciudad, la comida es abundante y se concentra en unos pocos lugares que suelen ser estables en el tiempo. Los llamados «cuidadores de gatos» son voluntarios que se encargan de que sus protegidos, que en Italia también están tutelados por la ley 281 de 1991, no se queden sin comida. Los gatos domésticos que viven en libertad no encuentran inconveniente en reunirse en torno a este alimento gratuito, e inevitablemente se quedan en la zona y forman grupos sociales estables, compuestos por muchos machos y hembras, que se denominan «colonias». Los ejemplos de estas colonias urbanas están a la vista de todos. Cerca de mi casa, en Parma, hay una colonia en el cementerio municipal de Villetta (aunque a decir verdad ya han quedado pocos gatos) y otra en el Parco Ducale (los «Mici di Maria Luigia»), pero en todas las ciudades hay ciertos lugares, como jardines de hospitales y colegios, parques urbanos, yacimientos arqueológicos al aire libre e incluso zonas industriales (en Dalmine hay una colonia permanente en el interior del enorme polígono industrial), que pueden albergar este tipo de colonias, que a veces se forman debido a la presencia de gatos cuyos dueños los dejan vagar por su cuenta o que han sido abandonados.

Llegados a este punto, cabe esperar que los machos y las hembras que frecuentan estas zonas, que por lo general no son demasiado grandes, hayan empezado a establecer relaciones sociales y jerarquías que no tendrían razón de ser entre gatos salvajes, que se evitan los unos a los otros como la peste. Eugenia Natoli ha realizado numerosos estudios sobre gatos urbanos en Roma y ha descubierto que las hembras y los machos forman jerarquías de dominación para establecer sus respectivos rangos en la colonia y definen su lugar en dicha jerarquía con una sucesión de amenazas, agresiones y actos de sumisión. En cualquier caso, no debemos olvidar que el gato está dotado de temibles armas ofensivas, por lo que, una vez establecida la jerarquía, no siempre les resulta necesario recurrir a tácticas de mano dura, sino que con ciertas reglas de «juego limpio» consiguen mantener un equilibrio pacífico mediante comportamientos ritualizados de sumisión y dominación.

Estoy segura de que más de una vez habréis visto a un gato macho hacerse a un lado para no cruzarse en el camino de otro gato macho que avanza con paso seguro y mirando fijamente hacia delante, como también los habréis visto curvando la cola de forma amenazadora, con la base en alto y el resto doblado hacia atrás y hacia abajo (cuando paseando con mis perros nos encontramos con un gato que se interpone en nuestro camino con la cola así, nosotros también preferimos adoptar un perfil bajo y retirarnos mientras yo intento apaciguarle con voz persuasiva para hacerle entender que nadie va a entrar en su territorio). No puedo evitar comparar esta situación con la que viví con mi primer gato macho entero, que se enzarzaba en furiosas batallas con el gato macho entero de mi vecino: una explosión de chillidos y mechones de pelo que acababa dejando a ambos contrincantes heridos y muy, muy enfadados. Valorábamos cuál había sido el ganador por la cantidad de pelo que quedaba en el campo: el mío era atigrado y el de mi vecino era todo blanco, ¡de modo que sabíamos cuál se había llevado la peor parte! Estas diferencias tan significativas en el comportamiento territorial y social del gato doméstico nos hacen darnos cuenta de que no podemos encerrar al gato doméstico en el estereotipo del «tipo solitario». Por ejemplo, los gatos domésticos que viven en libertad en zonas rurales están a medio camino entre el gato montés y los de las colonias urbanas. Los machos controlan un territorio bastante amplio en el que hay varias hembras, pero estas suelen vivir juntas en grupitos familiares cerca de la casa o granja en la que encuentran cobijo, comida y lugares seguros para criar a sus camadas. El éxito reproductivo del macho también es muy distinto. Mientras que el gato montés es el único padre de las camadas de su territorio, la situación es muy diferente para los machos urbanos, incluso los de alto rango: por más que traten de mantener bajo control el ardor de los jóvenes rivales, son incapaces de controlar a las hembras de manera exclusiva, con lo cual en una camada de seis gatitos podemos tener hasta cinco padres; de hecho, la tasa de paternidad múltiple ronda el 83 % en los gatos urbanos y solo el 22 % en los rurales. Una curiosidad sobre gatos naranjas: su presencia es mayor en las zonas rurales que en las colonias urbanas. Esto podría deberse a que la mayor agresividad del macho naranja (que también es más fuerte) parece verse recompensada en un entorno rural, en el que puede convertirse en «terrateniente» y controlar así a las hembras, pero es una desventaja en un entorno urbano, porque las constantes peleas con los otros machos lo mantienen demasiado ocupado y le distraen de las hembras, además de hacerle correr el riesgo de resultar herido (con el consiguiente aumento de la probabilidad de infectarse con el virus de la inmunodeficiencia felina VIF).

Y a todo esto, os preguntaréis: ¿qué papel desempeñan las hembras? Desde luego, no son «bellas durmientes» que esperan al príncipe de turno. Las hembras del gato salvaje basan su elección en la calidad del territorio que ocupa el macho: si el territorio tiene recursos abundantes, la hembra se instala en una parte de él y se aparea con el macho «rico», mientras que las hembras de las colonias se aparean de forma promiscua con los machos presentes, aunque a veces hacen incursiones fuera de la colonia para aparearse con machos desconocidos.

En función del tamaño que tenga la colonia, puede haber más de una línea matriarcal, porque muchas veces hay hembras que se quedan con sus crías en la parte central, mientras que las demás se trasladan a las zonas periféricas. En cualquier caso, las hembras tienden a permanecer en la colonia en la que nacieron. En cambio, para los machos, la decisión de quedarse o salir a buscar hem-

FIGURA 2. La flexibilidad social del gato doméstico. Estilos de vida distintos: a) gato doméstico feral; b) gato doméstico rural; c) gato doméstico de colonia urbana; d) gato doméstico familiar (ilustraciones de Chiara Canori).

bras con las que aparearse podría depender del tamaño del grupo. Si la colonia es pequeña y el macho dominante consigue mantener bajo control el acceso a las hembras, puede resultar ventajoso hacer las maletas y buscar fortuna en otra parte, pero si la colonia es muy grande, podría ser mejor quedarse, porque el macho dominante, aunque experimentado, no será físicamente capaz de impedir que un jovencito consiga su oportunidad reproductiva.

En conclusión, los gatos domésticos que viven en libertad en colonias urbanas tienen una estructura socioespacial muy distinta de la de los gatos salvajes y los domésticos rurales, los comportamientos afiliativos son más frecuentes y conductas como el acicalado social o *allogrooming* (acicalar a otro individuo) y el *allorubbing* (frotarse el uno contra el otro), dormir juntos y lamerse mutuamente el hocico y las orejas sirven para entablar «amistades» y vínculos especiales.

¿Separados en casa?

En el último fotograma de *Los Aristogatos* vemos a la familia al completo ya instalada en casa de la anciana cantante, con Thomas limpio, peinado y luciendo una pajarita, convertido a la vida familiar por amor a Duquesa. Pero, en la realidad, ¿es tan fácil que varios gatos compartan un ambiente reducido, a menudo sin poder salir de él, como el de un piso de ciudad? Hemos aprendido a apreciar la flexibilidad social del gato en condiciones en las que los que no son aceptados o no pueden encajar en una colonia o granja siempre pueden «emigrar», pero tenemos muchos menos datos y menos observaciones etológicas sobre gatos que comparten la misma casa.

Una encuesta realizada mediante cuestionarios a los que contestaron 2.942 dueños de gatos que conviven en la misma casa puso de manifiesto la dificultad de acoger a un gato en un hogar en el que ya hay al menos otro: el 73 % de los encuestados afirmó que desde el principio de la convivencia aparecieron signos de conflicto entre los animales; y cuantos más gatos hay en casa, más frecuentes son los conflictos, que en el 45 % de los casos se producen a diario.

Además de los conflictos, también son frecuentes las persecuciones, las emboscadas, los zarpazos, los silbidos y los chillidos, aunque en cualquier caso estos son menos habituales que los signos y comportamientos afiliativos como el contacto físico, que se observó en al menos la mitad de los casos, y otras señales de amistad, como lamerse unos a otros y dormir juntos. Además, el estudio descubrió que, en contra de lo esperado, ningún factor ambiental o de gestión, como el tamaño de la casa, es un predictor fiable de la probabilidad de conflicto.

El sentido común sugiere que, cuando se introduce un nuevo gato en un grupo ya existente, es buena estrategia permitir que los animales se familiaricen indirectamente, a través de la vista, el olfato y el oído, y, por supuesto, supervisar sus primeras interacciones sin dejar que se queden solos sin vigilancia hasta que se detecten signos de comportamiento afiliativo. Todo ello sin olvidar que cada gato tiene su propia personalidad y a algunos de los que han vivido mucho tiempo solos con su humano puede costarles adaptarse. Recuerdo a Schizzo, al que adoptamos cuando su humana desarrolló tal alergia que hizo imposible la convivencia. Era un macho atigrado castrado, de un año, que habían encontrado en la calle cuando era muy pequeño. No estaba familiarizado con otros gatos y tampoco con las personas, y era un gato muy sensible, y yo diría que «nervioso», que quizá no sea el término más correcto pero permite hacerse una idea. Cuando se vino con nosotros, tardó mucho en socializar, y cuando por fin se instaló en el entorno familiar, llegó al jardín una gatita pequeñina a la que los gatos negros callejeros que acudían a nuestro comedor no aceptaban. Micia se convirtió en la favorita de mi madre y Schizzo se tomó muy mal esta invasión del territorio. A pesar de ser una casa grande de tres plantas, con muchos sitios donde aislarse y dormir tranquilos, los primeros meses fueron muy difíciles. Por la noche se perseguían por las escaleras y Schizzo bufaba y gruñía como loco si la gata se le acercaba. Hasta llegó a intentar «suicidarse» saltando desde el balcón a la parte del jardín donde estaban los perros, que no eran exactamente amigos de los gatos. Ese fue el momento culminante de su tormentosa relación. Poco a poco, ella aprendió a dejarlo en paz, y él, a tolerar su presencia, y cuando por fin los dos se habían asentado, aunque nunca hasta el punto de estar cerca o mostrar un comportamiento afiliativo..., llegó Tris, ¡una gata calicó gigante, aunque todavía era cachorro! Al principio decidimos no meterla en casa para proteger al pobre Schizzo, que acababa de recuperarse de la llegada de Micia, pero luego tuvimos que esterilizar a Tris y yo no quería dejarla en la clínica, así que la pusimos en una habitación sin contacto con los otros dos. Micia se quedó fuera de la habitación maullando, sin parar de amenazar a la pobre gatita e intentando abrir la puerta con la pata. Cuando llegó el momento, la incorporación de Tris fue menos dramática de lo esperado, entre otras cosas porque le encantaba vagabundear por ahí y se pasaba toda la noche deambulando por los jardines del barrio.

Schizzo, Micia y Tris nunca formaron un verdadero grupo social, aunque llegaron a tolerarse, y Micia, que era la más pequeña físicamente, era la que impuso su dominio sobre los otros dos. Cada uno tenía su espacio: Schizzo dormía con mi hermano, Micia con mi madre y Tris conmigo cuando iba a casa el fin de semana. El resto de los días se la toleraba en la cama grande de mi madre, pero en un rincón, y cuando Micia murió, Tris por fin pudo ocupar la codiciada almohada junto a mi madre.

Es difícil predecir cómo será la incorporación de un nuevo gato, y también depende mucho de las experiencias que haya tenido en los primeros meses de vida. Mis vecinos de Parma tenían una gata, Cometa, que ya era adulta cuando llevaron a casa a un gatito negro, Pocho, de menos de dos meses. Ella no tuvo grandes dificultades para aceptarlo y vivieron juntos durante muchos años, pese a que la gatita no era sociable con los desconocidos. Cuando Cometa murió, Pocho se quedó solo unos meses y luego adoptaron a Torakiki, un gato adulto al que ya no querían sus dueños. A pesar de mis temores iniciales, los dos congeniaron enseguida y Pocho acogió muy bien a Torakiki. Esto no quiere decir que nunca hubiera «trifulcas», ¡pero solo eran desavenencias entre dos solterones!

Isidoro, Garfield y los demás

El gato es un mamífero que, por encima de cualquier otro, ha tenido un éxito abrumador como animal doméstico, pues en poco tiempo, evolutivamente hablando, ha pasado de vivir como una pequeña fiera solitaria a compartir un hogar acogedor con humanos y otros animales, al tiempo que, como hemos visto, conserva la capacidad de llevar una vida libre más o menos independiente de los humanos. El sitio web CAROcat.eu (Companion Animal Responsible Ownership) informa de la asombrosa cifra de 600 millones de gatos presentes en el planeta Tierra, de los cuales nada menos que 280 millones son gatos que conviven con los humanos en sus casas. En Italia tenemos alrededor de 7,3 millones de gatos domésticos y unos 1,3 millones de gatos callejeros *(free ranging)*. Alemania y Francia son sin duda países más «gatófilos» que nosotros (en proporción a la población humana de los respectivos países), con 14,5 y 13,5 millones de gatos que viven en sus hogares, respectivamente. Su popularidad como animales de compañía sigue creciendo, quizá porque en algunos aspectos el cuidado de un gato en un ambiente urbano es menos exigente que el de un perro, ya que no hay que sacarlo a pasear para que satisfaga sus necesidades fisiológicas y además en un piso se puede crear un ambiente que estimule sus instintos naturales para evitar que se aburra. Pero esto no quiere decir que el gato, a diferencia del perro, sea un peluche o un adorno... Por el contrario, hay un sinfín de tiras de cómics en las que unos simpáticos gatos grandes esclavizan a sus humanos con constantes peticiones de comida o haciendo de las suyas con el papel higiénico, el árbol de Navidad o las macetas, y da la casualidad de que algunos de ellos son gatos machos, y naranja, como Isidoro y Garfield. Hace poco también se convirtió en una estrella de los cómics Minnie, que no es la eterna novia de Mickey Mouse, sino una gata de carne y hueso que Nick Filippou adoptó en una asociación de Baltimore. Minnie, en la realidad y en los cómics, lleva una oreja cortada como señal de su esterilización por el programa CES de gatos callejeros (captura, esterilización y suelta; *trap-neuter-release,* TNR). Pues bien, esta gata se ha convertido en una estrella gracias al cómic que protagoniza y a los vídeos que se cuelgan regularmente en su página (www.iizcat.com).

Nick Filippou consigue plasmar en unos pocos trazos y frases los comportamientos más típicos de los gatos domésticos, incluido despertar a su dueño en mitad de la noche para conseguir su deseada comida nocturna.

Ahora vamos a intentar comprender cómo *Felis catus* llegó a este punto de integración en la sociedad humana. En primer lugar, tenemos que acabar con el mito de que «el gato está apegado a la casa pero no a su dueño», una frase recurrente que sigo oyendo en boca de los que se consideran dueños de perros «puros y duros». Para el gato, la casa es su territorio, por lo que es natural que esté apegado a ella y que cualquier cambio pueda estresarlo. Como hemos visto, conocer su territorio al dedillo es de vital importancia para el gato, por lo que si nos mudamos o cambiamos la disposición de los muebles de la casa o el uso de las habitaciones, cabe esperar alguna «confusión» emocional, que quizá se manifieste orinando fuera del arenero los primeros días. Pero el hecho de que marque su territorio y lo mantenga bajo control no significa que el gato no se apegue emocional y afectivamente a los humanos con los que convive. Los investigadores han sometido repetidamente a los gatos a la prueba de la «situación extraña» para evaluar cualitativa y cuantitativamente si el gato, como los niños y los perros, desarrollan un vínculo de apego con las personas que cuidan de ellos. La prueba que puso en práctica Mary Ainsworth para estudiar el apego entre una madre y su bebé de pocos meses consiste esencialmente en siete episodios que exponen al bebé a un nuevo ambiente, a nuevas personas, a la separación de la madre y al reencuentro con ella, y está diseñada para revelar el tipo de apego a la madre que caracteriza a ese bebé (seguro, inseguro o evitativo). El estudio más reciente sobre gatos, publicado en 2019, utilizó una prueba más corta, con solo tres episodios de dos minutos cada uno: el gato entra en la sala del laboratorio junto a su dueño y es libre de explorarla, luego el dueño se va dejando al gato solo y al final se produce el reencuentro entre ambos.

De los setenta gatitos de entre tres y ocho meses que se sometieron a la prueba, el 64,3 % mostraron un apego seguro a su dueño, mientras que en el 35,7 % de los casos se detectó un apego inseguro. Los gatitos manifestaron comportamientos típicos del vínculo de apego, como explorar la habitación mientras el dueño está presente; protestar con maullidos desesperados cuando los deja solos, y, cuando regresa, saludarlo (el llamado *greeting,* que consiste en acercarse con la cola en alto y frotarse contra las piernas de su dueño, saltar sobre su regazo o darle golpecitos con la cabeza) y buscar la cercanía y el contacto físico con él. Cuando vuelve su dueño, los gatos con un apego seguro muestran una menor respuesta de estrés debido a la separación y exploran tranquilamente el entorno sin requerir demasiada atención ni contacto (el denominado «efecto base segura» provocado por la presencia del dueño), mientras que si tienen un apego inseguro o evitativo, muestran una búsqueda excesiva de proximidad o lo evitan. A continuación, una parte de estos gatitos siguió un programa de socialización de seis semanas, y luego se les volvió a someter a la prueba junto con otros gatitos que no habían seguido el programa. En esta segunda prueba no se evidenció ninguna diferencia entre ambos grupos, lo que significa que el estilo de apego entre dos miembros de una díada permanece relativamente estable a lo largo del tiempo, incluso después de un intenso periodo de socialización. Además, en una población de gatos adultos sometidos a la misma prueba, la proporción de gatos con apego seguro/inseguro fue similar a la de los gatitos, lo que confirma que el apego formado y presente en los pequeños se mantiene en la edad adulta. Al igual que ocurre en los perros y en los niños.

Los gatos se vinculan afectiva y emocionalmente a los humanos que los cuidan y con los que conviven, y esto les ha permitido integrarse con éxito en la sociedad humana. ¡Lo cual es todo lo contrario a ser oportunistas, egoístas e infieles!

Los gatos son muy sensibles a la atención que les prestan los humanos, y en un experimento en el que se le pidió al dueño que no le prestara atención a su gato, o bien que lo mimara hablando con él, los gatos demostraron que les gustaba esta atención permaneciendo cerca de su dueño e interactuando con él, maullando.

Muchos estudios han demostrado sin ningún género de dudas que los gatos discriminan entre personas conocidas y desconocidas incluso por la voz. Un estudio demostró que cuando un humano con el que el gato está unido afectivamente lo acaricia, la presión sanguínea del animal aumenta como respuesta a la excitación de la interacción, pero no ocurre lo mismo si la persona que lo acaricia es un desconocido. Y hace poco se publicó una investigación que revela que los gatos reconocen el nombre de su dueño y el de los demás gatos que vivan en la misma casa. ¿Cómo supieron los investigadores que los gatos asocian la fotografía de su humano o de los gatos con los que conviven con su nombre?

Para este tipo de estudios se utiliza un paradigma experimental sencillo (también utilizado en seres humanos y otros animales) denominado «violación de la expectativa»: se les presentan a los animales dos estímulos, uno visual y otro acústico, que pueden ser congruentes o incongruentes, y el paradigma se basa en que los animales prestan más atención si los estímulos son incongruentes, porque se ha violado la expectativa creada por la costumbre y la experiencia. En nuestro caso, a los gatos se les enseñó la fotografía de su dueño mientras una voz repetía su nombre correcto (estímulos congruentes), o bien la fotografía de su dueño mientras una voz repetía un nombre equivocado (estímulos incongruentes). Los gatos, como esperaban los investigadores, prestaron más atención a la fotografía de su dueño cuando a este se le llamaba por un nombre que no era el suyo. Esto significa que los gatos han aprendido a asociar a su humano con el nombre con el que se le designa en la familia y que, si se les coloca en una situación incongruente, ¡se desorientan! Y la reacción fue la misma cuando se les mostraron imágenes de otros gatos conocidos a los que se les llamaba con un nombre distinto. Además, los gatos son capaces de reconocer su nombre cuando se reproduce junto con otras palabras comunes, así como el nombre de los gatos con los que conviven, ¡y lo distinguen tanto si lo pronuncia una persona conocida como si lo hace una desconocida! En conclusión, los gatos de casa son conscientes de quiénes son, de quiénes son los gatos con los que conviven y de quiénes son sus humanos, y todo esto es esencial para la vida social a fin de regular el propio comportamiento en función de a quién tenemos delante.

Hace un par de años, los investigadores también demostraron que los gatos son capaces de asociar correctamente la expresión de un humano «enfadado» con la correspondiente vocalización de enfado, o la expresión de un humano feliz con la correcta vocalización de alegría; y no solo eso, sino que la exposición, aunque sea a través de un vídeo, y no directamente, a un humano que expresa una emoción negativa genera una respuesta de estrés o ansiedad en los gatos.

¿Y cómo vemos nosotros la relación con el gato?

Muchos investigadores se han preguntado cómo vive el ser humano el vínculo con su gato, y para responder a esta pregunta han propuesto cuestionarios por Internet a los que los dueños podían responder de forma anónima. Uno de estos estudios es especialmente interesante porque analizó las respuestas de nada menos que 3.994 dueños de gatos a noventa y tres preguntas relativas al estilo de cuidado y atención que les dedican, la característica emocional de esta relación y otras cuestiones relacionadas con el vínculo de apego que hemos descrito, y por tanto con el apoyo social, el efecto base segura y la preferencia del animal por su dueño frente a otros seres humanos. Mediante una técnica de análisis estadístico que sirve para extraer un número menor de factores a partir de numerosas variables relacionadas entre sí (la técnica se denomina «análisis de componentes principales» y se utiliza a menudo para simplificar el conjunto de datos original en el análisis de cuestionarios, que constan de muchas preguntas, y sacar a la luz componentes latentes), los investigadores hallaron cuatro componentes principales que describen el tipo de relación entre humano y gato de casa y los etiquetaron del siguiente modo:

1. Inversión emocional del dueño en el gato.
2. Sociabilidad del gato hacia los desconocidos.
3. Necesidad de proximidad del gato.
4. Indiferencia del gato.

Para intentar comprender mejor el significado de estas etiquetas, un tanto misteriosas para quienes no trabajan en este campo, vamos a examinar cuáles son las variables que integran estos componentes.

En el primer componente encontramos afirmaciones de las que se desprende la implicación emocional del dueño con el gato: «No sé qué haría sin mi gato», «Mi gato es mi mejor amigo», «Creo que mi gato es como un niño», «Soy muy protector con mi gato», «Me preocupo demasiado por mi gato», «Hablo con mi gato todos los días», «Mi gato es parte de la familia», «Si tuviera que regañarle a mi gato y él empezara a ronronear o maullar, dejaría de regañarle e intentaría hacer las paces» y «Mi gato y yo trabajamos como un equipo muy unido».

En el segundo componente hallamos factores que indican la predisposición del gato a aceptar a otras personas y a ser sociable con ellas: «Mi gato juega con las personas que lo cuidan mientras estoy de viaje y las acepta encantado», «Mi gato visita a los vecinos aunque yo esté en casa», «Cuando alguien viene a visitarme, mi gato lo saluda levantando la cola y frotándose contra sus piernas» y «Mi gato estaría a gusto aunque tuviera que vivir con mis vecinos».

En el tercer componente se analiza la necesidad que tiene el gato de estar constantemente en contacto o proximidad con el dueño: «Mi gato siempre me sigue por todos los rincones de la casa», «Mi gato es pegajoso y ni siquiera puedo ir al baño en paz yo solo», «Cuando salgo de casa, mi gato llora y quiere venirse conmigo», «Si estoy en una habitación con la puerta cerrada, mi gato llora hasta que le dejo entrar» y «Mi gato no come cuando me voy».

El último componente describe al gato independiente, el que se muestra indiferente hacia su humano: «Creo que mi gato no me quiere tanto como yo a él», «Mi gato nunca se acerca a mí», «Cuando está en mis brazos y lo acaricio, mi gato mueve la cola».

El análisis prosiguió generando grupos de sujetos (llamados «clústeres») en función de las puntuaciones que cada uno de ellos obtuvo en estos cuatro componentes, y la población de 3.994 encuestados se dividió en cinco grupos (A, B1 y B2, C1 y C2) caracterizados por un peso distinto de cada uno de los cuatro componentes.

El 28,4 % de la población pertenece al grupo A, que está representado por dueños que mantienen una relación equilibrada con su gato, porque por término medio se implican emocionalmente, pero también dejan salir al gato, que se relaciona bien con otras personas y sabe estar solo sin depender demasiado de la presencia del dueño. Esta relación se denomina «abierta» y representa la visión más prototípica del gato independiente que no necesita constantemente la presencia humana. Estos dueños suelen tener un solo gato en casa.

Luego está el 27 % de la población (clústeres B1 y B2), que se caracteriza por tener una baja inversión emocional en el gato, al que no se considera un amigo, un miembro de la familia, a pesar de que el gato sea sociable. Los dos grupos se distinguen por la menor o mayor predisposición del gato a aceptar a los desconocidos humanos y a buscar la cercanía del dueño. Son gatos que viven en una familia bastante ocupada que evidentemente no invierte demasiado emocional ni afectivamente en el animal, al que deja salir; por su parte, el gato es sociable y también se hace amigo de los vecinos. Es una relación más distante y casual.

Por último, el 44 % de la población corresponde a los clústeres C1 y C2, que presentan puntuaciones muy altas de vínculo emocional del dueño con el gato y puntuaciones bajas de independencia del gato, que, entre otros comportamientos, lo demuestra al lamer con frecuencia las manos y la cara del dueño. Hay dos subtipos de relación estrecha, una de mayor dependencia del gato respecto a su dueño (se da generalmente cuando el dueño es soltero y el gato no tiene acceso al exterior) y otra más amistosa, más frecuente cuando hay varios gatos en casa y están apegados a su humano pero no dependen de su proximidad (por ejemplo, comen aunque se queden solos).

No debemos olvidar que estos estudios no son observaciones objetivas del comportamiento del gato y su relación con nosotros, sino que informan sobre la percepción que los humanos tenemos de nuestros gatos y nuestra implicación con ellos, y esto depende no solo, indudablemente, de la personalidad de cada gato, sino también de nuestras expectativas y conocimiento de la naturaleza del animal. Una limitación de este estudio que señalan los autores es el tipo de personas que contestaron a los cuestionarios (a mí no me ha sorprendido, pero puede que a vosotros sí): ¡el 66 % son mujeres que viven en el Reino Unido!

Ahora quiero hablaros de un último estudio de 2011 que investigó la relación entre el dueño y su gato observando la interacción entre ambos en el momento en que el animal come y que evalúa la personalidad del dueño a través del NEO-FFI *(NEO-Five-Factor-Inventory)*. Se trata de un test que se utiliza para definir la personalidad de los humanos a partir de las respuestas a un cuestionario que devuelve los rasgos de personalidad (neuroticismo, extraversión, meticulosidad, apertura mental, amabilidad) y la personalidad del gato mediante la evaluación de once factores (activo, ansioso, excitable, curioso, sociable, juguetón, vigilante, etc.). Los participantes fueron cuarenta parejas de humanos y gatos que vivían en Viena y a las que los investigadores visitaron en cuatro ocasiones para poder observar varias veces el comportamiento de los gatos, siempre a la hora de la comida. Los investigadores descubrieron, como cabía esperar, una gran variabilidad entre las díadas: cada pareja se comunicaba y relacionaba de forma distinta. Los comportamientos más discriminantes fueron la posición y el movimiento de la cola, la locomoción y las posturas corporales. Además, el sexo del gato resultó ser fuertemente discriminante: los machos prestaban más atención a la comida, comiendo durante más tiempo que las hembras, pero también eran más comunicativos y atentos con su dueño, frotándose, dando vueltas a su alrededor, maullando y ronroneando con los ojos bien abiertos, la cola alta y las orejas erguidas. Las hembras eran definitivamente más quisquillosas y estaban menos interesadas en la comida, por lo que el dueño se dirigía más a ellas llamándolas e intentando que se interesaran por la comida (el tiempo que se dedicaba a llamar a los gatos era del 8 %, frente al 18 % dedicado a llamar a las gatas...). También surgieron algunas correlaciones interesantes entre la personalidad del gato y la del dueño. No obstante, debo recordar que la existencia de una correlación entre dos variables significa que estas están vinculadas y que tienden a moverse en paralelo, pero no significa que mantengan una relación de causa y efecto por la que una determine el curso de la otra. Los humanos con una puntuación alta en el factor «apertura mental» tenían gatos seguros de sí mismos, ni ansiosos ni nerviosos, e interactuaban con ellos principalmente jugando, mientras que los dueños con una puntuación alta en neuroticismo se mostraban ansiosos hacia sus animales e iniciaban y establecían un contacto estrecho con ellos, que a su vez se mostraban más ansiosos y necesitados de mantener el contacto con el dueño. Y vosotros ¿qué tipo de relación tenéis con vuestro gato?

Gatos parlanchines

Las vocalizaciones desempeñan un papel muy importante en la vida social del gato y en la relación con el humano. Vamos a conocerlas.

El ronroneo de un gato nos fascina. Ese sonido ligero y rítmico que emite echado en nuestro regazo mientras amasa nuestro jersey nuevo nos hipnotiza y nos relaja hasta el punto de que nos olvidamos de que al jersey no le está sentando bien el tratamiento ¡y están saliendo hilos de lana

donde no debería! De todos los carnívoros, el gato doméstico es el más parlanchín con diferencia y es también más
locuaz que su homólogo salvaje. Su repertorio vocal es
complejo y se articula en un número de vocalizaciones que
aún nos resulta incierto y que está compuesto por entre
doce y veinte sonidos distintos. Los más conocidos son el
maullido, el ronroneo, el gruñido corto, el chirrido, el tri-
no, el castañeteo de dientes, el aullido y el gruñido largo,
pero se han descrito muchos más y los investigadores intentan comprender cómo se emiten estos sonidos, cuáles
son sus parámetros acústicos y los contextos en los que se
producen. Lo hacen, por ejemplo, grabando a los gatos en
situaciones experimentales en las que se les presentan estímulos y situaciones tales como establecer contacto con una
persona con la que están familiarizados, o bien con una a la
que no conozcan, ver una muñeca o presenciar la llegada
de una persona con otro gato o con un perro.

El análisis del espectrograma permite medir la frecuencia fundamental (F0), la frecuencia mínima y máxima, la duración, la intensidad y el patrón de las vocalizaciones. En la tabla 4 se enumeran y describen las
vocalizaciones descritas hasta ahora, pero lo que más me
interesa es comprender su función comunicativa. Para
ello, lo primero que hay que tener en cuenta es que el
gato montés es mucho más silencioso que el doméstico,
y es lógico: aunque sea un depredador, su pequeño tamaño le hace ser vulnerable a los ataques de carnívoros
más grandes, por lo que no tiene sentido ser demasiado
charlatán; eso explica que la comunicación entre individuos se realice sobre todo a través de señales olfativas,
como hemos visto en el capítulo anterior. La comunica-

ción acústica es especialmente importante en la relación entre la gata y sus gatitos; estos últimos, incluso antes de las tres semanas de vida, pueden emitir maullidos *(meow)* para llamar la atención de su madre cuando tienen hambre o frío o cuando se encuentran atrapados o aislados; es lo que se conoce como «llamada de socorro» *(distress call).*

Esta petición de ayuda y atención es parecida al maullido del adulto, pero no siempre es igual, porque si el gatito tiene frío, el maullido es más agudo, y cuando el gatito está aislado, el maullido es muy fuerte. De esta forma, la gata puede distinguir las distintas llamadas y responder con un chirrido para tranquilizar al pequeño. Los gatitos también son capaces de ronronear *(purr;* sobre todo cuando están mamando, y la gata les responde ronroneando) y de bufar *(spit),* es decir, producir ese sonido seco y muy corto que resulta de una exhalación explosiva de aire que los gatos emiten en un contexto defensivo. Todos los que hayan tenido que lidiar con un gatito solitario y asustado que han recogido en la calle recordarán bien estos bufidos *(spit)* que deberían haberles asustado y hecho desistir de acercarse a la fierecilla. Pues bien, estos mismos sonidos emitidos por un gato adulto, junto con los silbidos *(hiss),* gruñidos *(growl)* y alaridos *(yowl),* son la señal de un posible ataque inminente, por lo que conviene alejarse del gato o interrumpir lo que estemos haciendo o intentando hacer, ya que el riesgo de recibir un mordisco es alto. De hecho, estas son las vocalizaciones que emplean en contextos competitivos, cuando los contendientes intentan asustarse mutuamente para evitar un enfrentamiento; pero cuando las utilizan con nosotros, si al gato no le gustan nuestra presencia o nuestras acciones, la reacción podría ser agresiva.

Tabla 4. Las vocalizaciones del gato

Sonido	Descripción
Ronroneo (*purr*)	Tono rítmico producido durante la respiración; crea un murmullo
Chirrido (*trill*)	Sonidos breves y suaves, parecidos al trino de un pájaro
Trino (*chirp*)	Reclamo breve y agudo, parecido al gorjeo de un pájaro; puede formar una secuencia (*chirrup*)
Gorjeo (*gurgle*)	Sonido producido con una voz suave, como el ronroneo
Maullido (*meow*)	Maullido típico del gato
Reclamo sexual (*mowl*)	Lamento fuerte, prolongado, de tono variable, parecido al aullido
Gemido (*moan*)	Sonido largo modulado con vocales «o» o «u»
Aullido (*howl*)	Sonido tonal más corto que el alarido (*yowl*)
Gruñido (*growl*)	Sonido gradual, bajo, gutural y rimbombante
Alarido (*yowl*)	Larga y prolongada vocalización de altura, intensidad, duración y tono variables
Gruñido corto (*snarl*)	El gato deja los dientes al descubierto mientras emite un sonido parecido a un gruñido, pero normalmente más fuerte, corto y agudo que este
Silbido (*hiss*)	Silbido prolongado y de baja intensidad producido por la rápida expulsión del aire por la boca durante la espiración
Bufido (*spit*)	Espiración repentina, breve e impactante que provoca un sonido explosivo al que suele acompañar un movimiento violento
Chillido (*pain shriek*)	Gritos breves e intensos de vocales tensas, caracterizados por una gran tensión en la boca y la garganta y por la fuerza de la respiración
Cacaero o castañeteo (*chatter*)	El gato castañetea rítmicamente la mandíbula, creando un chasqueo de baja amplitud

Fuente: Adaptado de C. Tavernier, S. Ahmed, K. A. Houpt y S. Chan Yeon, «Feline vocal communication», *Journal of Veterinary Science*, 21(1), 2020, e18, doi.org/10.4142/jvs.2020.21.e18.

Producción	*Contexto*
Boca cerrada	Afiliativo: contacto
Boca cerrada	Afiliativo: saludo, contacto, en los gatitos
Boca cerrada	Afiliativo: contacto, la gata se acerca a los gatitos
Boca cerrada	Afiliativo: hembra con gatitos
Boca abierta, cerrándola gradualmente	Afiliativo: saludo
Boca abierta, cerrándola gradualmente	Sexual
Boca abierta, cerrándola gradualmente	Agonístico: para asustar a un enemigo o advertir de un peligro
Boca abierta, cerrándola gradualmente	Agresivo
Boca abierta	Agresivo
Boca abierta	Agresivo
Boca abierta	Agresivo
Boca abierta	Defensivo: sorpresa ante un potencial enemigo
Boca abierta	Defensivo: el gato se enfrenta a una amenaza
Boca abierta	Agonístico: combate, miedo, dolor
Apertura y cierre rápido de la mandíbula	Excitación de caza

Un estudio de 2019 sometió a dos grupos de gatos, con un total de setenta y cuatro individuos, a una situación agradable (ofrecerles su chuchería favorita) o a otra desagradable (un corto viaje en coche encerrados en el transportín). Los investigadores querían saber si determinadas vocalizaciones de los gatos son específicas de situaciones positivas o negativas y, en consecuencia, si pueden utilizarse para identificar la valencia del estado emocional del animal. Los resultados revelaron que los chirridos, ronroneos y cacareos solo se expresaban en el contexto positivo, mientras que un viaje en coche dentro de un transportín solo provocó maullidos desesperados.

El maullido es sin duda la vocalización que el gato doméstico utiliza con más frecuencia para comunicarse con nosotros, y es posible que su uso tan frecuente y relevante en la interacción con los seres humanos sea el resultado del proceso de domesticación y de la intensa socialización. El maullido solo se emite esporádicamente en la interacción gato-gato; por ejemplo, entre gatos que viven en colonias. Los gatos ferales raramente le maúllan a un ser humano, y en cualquier caso su maullido tiene características acústicas distintas de las del maullido del gato doméstico (en los gatos ferales, los gruñidos y silbidos tienen una frecuencia fundamental significativamente más alta y un pico más elevado, mientras que en los gatos domésticos el sonido que registra las frecuencias más altas es el maullido). Es posible que la estrecha relación con los humanos haya impulsado al gato a diversificar y magnificar el uso del maullido, a pesar de que a los humanos no se nos da bien distinguirlos y entender el contexto en el que se emiten. En un estudio reciente, mis co-

legas de la Universidad de Milán les pusieron a 225
personas la grabación de seis maullidos distintos. Los
maullidos se habían grabado en cuatro situaciones distintas: cuando el gato esperaba la comida, cuando estaba
aislado en un transportín, cuando llegaba a un entorno
desconocido y mientras lo cepillaba el dueño. Antes de
oír la grabación, los participantes habían rellenado un
cuestionario que los investigadores utilizaron para evaluar su grado de familiaridad con los gatos y su empatía
hacia los animales en general y los gatos en particular.
Los resultados fueron bastante sorprendentes, ya que la
probabilidad de asignar correctamente el maullido al
contexto en el que se grabó nunca fue superior a la de la
elección aleatoria (33 %). Solo el maullido emitido mientras el gato esperaba la comida fue objeto de una mejor
discriminación, aunque no significativa (40 %). El maullido de aislamiento fue el que se reconocía correctamente con menor probabilidad (27 %). Los participantes
que tenían gatos o habían crecido con ellos, las mujeres
y los que expresaban más empatía hacia este animal re-
conocían mejor el tipo de maullido, pero su rendimiento
seguía siendo bajo. Si queréis poneros a prueba, los maullidos de gato que grabaron los investigadores de Milán
se encuentran en la plataforma Zenodo (*CatMeows: A
Publicly-Available Dataset of Cat Vocalizations,* 2020,
doi:10.5281/zenodo.4008297).

5. El dilema de los gatos del Antropoceno

Y hemos llegado hasta nuestros días, con multitud de gatos domésticos en el planeta que tienen posibilidades y estilos de vida muy distintos: desde los «anárquicos», que, aun viviendo en una familia, son muy autónomos e independientes y deambulan libremente por la casa o la granja, hasta los que nunca salen de casa porque estando en la ciudad sería muy arriesgado, y, por último, los gatos ferales, que ya son completamente independientes de nosotros. ¿Cuáles son los pros y los contras de estos estilos de vida tan distintos? ¿Y qué efectos tiene en el entorno natural la presencia de cientos de miles de gatos que pueden cazar libremente? Y el gato que vive eternamente encerrado en un piso ¿es un gato «a medias» o encuentra un equilibrio entre sus necesidades etológicas y su seguridad? A continuación vamos a profundizar en estos últimos aspectos de la felinidad.

To prey or not to prey

El 14 de mayo de 2022 es un día que los dueños y amantes de los gatos de Walldorf (una ciudad alemana del distrito de Rin-Neckar, ubicada en el estado de Baden-Wurtemberg, uno de los más poblados de Alemania) recordarán como una pesadilla. Ese día, el ministerio encargado de la agricultura y la conservación de la naturaleza publicó una normativa por la que los gatos deberán permanecer en casa seis meses al año (del 1 de abril al 31 de agosto de cada año hasta 2025) al objeto de proteger de la extinción a la cogujada común *(Galerida cristata)*. En el decreto, que ha causado gran alarma, descontento y preocupación por el bienestar de los gatos que viven en libertad, se explica detalladamente que la cogujada común está incluida en la categoría 1 (en vías de extinción) de la Lista Roja 2020 de la República Federal de Alemania debido al drástico descenso de su población. En el distrito de Rin-Neckar, la situación es muy crítica y solo se pueden encontrar tres parejas reproductoras en las afueras de la ciudad de Walldorf. La cogujada común es especialmente vulnerable a la depredación porque nidifica en el suelo, y cuando las crías empiezan a moverse en el entorno, son incapaces de volar para huir de los depredadores, al menos hasta unas cuatro o cinco semanas después de la eclosión; esa inmovilidad en el suelo las convierte en presas muy fáciles para gatos, cornejas y zorros. Tras probar, con muy poco éxito, toda una serie de medidas disuasorias para alejar a los gatos de los lugares de nidificación, incluso con ultrasonidos, e intentar vallar las distintas zonas, la única arma que quedaba para evitar la depredación de las pocas crías era excluir la libre circulación de los gatos en el periodo comprendido entre el inicio de la nidificación y el final del verano, cuando las aves se dispersan por territorios más amplios. El decreto tiene en cuenta los efectos negativos que la privación de libertad podría tener en los gatos acostumbrados a salir de casa y, por tanto, aconseja a los dueños que estén preparados para manifestaciones de nerviosismo e inquietud nocturna, e incluso la aparición de conductas agresivas, o, en el otro extremo, comportamientos apáticos, que indican depresión. Por ello, los legisladores aconsejan que el dueño se organice con tiempo, por ejemplo, enseñando a su gato a salir a pasear con un arnés y una correa corta o trasladándolo a casa de amigos o parientes que vivan en zonas donde se le permita salir (aunque esta no es una opción adecuada, el gato no es un paquete que se pueda llevar de aquí para allá cada seis meses...). Por último, reconociendo que no todos los gatos de Walldorf que salen a pasear libremente pasan el tiempo en las «zonas rojas» de nidificación de la cogujada, estos gatos –equipados con GPS reconocidos por la autoridad competente y mediante un seguimiento compartido con el dueño– pueden vagar libremente si los datos recogidos muestran que se mueven por un área alejada de la zona protegida. Con todo, se establece claramente que la protección y el interés de la cogujada común tienen prioridad sobre la libertad de movimiento de los gatos.

Sin lugar a dudas, a los gatos de Camberra (la capital de Australia) les ha ido peor: las autoridades han prohibido que los gatos nacidos a partir del 1 de julio de 2022 puedan vagar libremente fuera de casa. En el caso de los gatos nacidos antes de esa fecha, la prohibición solo se aplicará a los animales que vivan en alguno de los diecisiete distritos más afectados de la ciudad. Además, para poder controlar la población de gatos domésticos, es obligatorio que el dueño inscriba a su gato en el registro felino colocándole un microchip. Las autoridades australianas han declarado que su intención es asegurarles una vida más segura y protegida a los gatos domésticos, responsabilizar a los dueños del bienestar de sus animales y al mismo tiempo concienciarlos sobre la necesidad de proteger la fauna salvaje. Pero ¿cómo y por qué han llegado a legislar sobre la libre circulación de los gatos domésticos contemplando grandes multas para los dueños que no cumplan?

En el caso de Camberra, la expansión de zonas residenciales próximas a reservas naturales ha propiciado la presencia de gatos domésticos libres de depredar aves, reptiles, anfibios y, sobre todo, marsupiales, lo que ha agravado el problema del impacto que la depredación de animales domésticos tiene en la conservación de la fauna salvaje. Se trata, además, de un problema que viene de lejos, ya que en Australia el desastre empezó mucho antes de que las autoridades de Camberra intentaran enmendarlo con este plan estratégico 2021-2023 para la gestión responsable y la contención de los gatos domésticos.

¿Australia *docet?*

Tenemos que remontarnos hasta la época del descubrimiento de Australia (o, mejor dicho, del continente australiano) por parte de los colonos europeos en 1606, cuando el navegante holandés Willem Janszoon desembarcó –siendo el primer europeo que lo hacía– en las costas australianas. No sabemos si fueron los holandeses los que llevaron los primeros gatos domésticos a Australia, pero no hay duda de que los ingleses, cuando empezaron a ocupar los territorios australianos tras el desembarco de James Cook ciento cincuenta años más tarde, viajaron con sus adorables gatitos ingleses. Los registros históricos y los datos genéticos nos muestran que en setenta años los gatos domésticos se extendieron por todo el continente australiano (7,7 millones de kilómetros cuadrados) formando poblaciones de gatos ferales, es decir, gatos domésticos asilvestrados que viven sin ninguna ayuda del ser humano. Por otra parte, a finales del siglo XIX se puso deliberadamente en libertad a los gatos domésticos para hacer frente a las poblaciones cada vez más numerosas de conejos, ratones y ratas que, tras llegar con los colonos europeos, habían invadido muchas zonas. Los gatos ferales se encuentran actualmente en todo el territorio continental australiano –a excepción de algunas áreas de selva tropical, además de unas pocas islas pequeñas–, en Tasmania y en todas las islas principales, menos la de Dirk Hartog (628 km^2), donde los gatos han sido erradicados recientemente. La matanza silenciosa de animales salvajes había comenzado, y, por si fuera poco, además del gato doméstico, a partir de 1840 los ingleses introdujeron también zorros rojos para reproducir la cruel práctica de la caza del zorro, tan popular como exclusiva en la madre patria.

La introducción de dos mesodepredadores alóctonos tuvo un efecto destructivo, porque los pequeños marsupiales, las aves y otros animales endémicos del continente australiano habían evolucionado en ausencia de depredadores mortales y significativos como el gato y el zorro. Muchos artículos sobre la conservación de la naturaleza, varias publicaciones del gobierno australiano e incluso algunas publicaciones científicas informan de que al menos veintisiete especies distintas de mamíferos, cuarenta de aves y dos de reptiles se han extinguido como consecuencia de la depredación de gatos ferales y zorros. Asignar su parte de responsabilidad en esta hecatombe a cada uno de estos depredadores no es fácil, en parte porque durante mucho tiempo los australianos no fueron conscientes del problema, ya que las principales víctimas eran pequeños y tímidos marsupiales, a menudo nocturnos. Pero tampoco podemos caer en el error de considerar que el gato y el zorro sean los únicos causantes de las extinciones, puesto que muchas especies autóctonas se extinguieron antes de la llegada de los europeos o poco después, cuando todavía no había gatos ferales o no eran tan numerosos como ahora. Múltiples causas no siempre fáciles de rastrear, como la caza, el cambio en las prácticas de quema controlada de la vegetación por parte de los aborígenes y la competencia de herbívoros, como el conejo o el ganado ovino y bovino, con los consiguientes cambios en el suelo y la vegetación, desempeñaron un papel primordial en la extinción de muchas especies. Con esto, desde luego, no quiero negar que los gatos ferales y domésticos también hayan contribuido al problema: los experimentos de reintroducción de especies autóctonas o de seguimiento de poblaciones existentes en zonas valladas de las que se excluyó a los gatos y los zorros han demostrado que la ausencia de su presión depredadora fue suficiente para restablecer una gran población de dichas especies autóctonas. Del mismo modo, experimentos de translocación de especies amenazadas a islas donde no hay gatos ni zorros han tenido mucho éxito y las poblaciones translocadas han crecido rápidamente. Por el contrario, las intervenciones de gestión de estas especies en zonas donde había gatos y zorros han sido un fracaso. Pero ¿sabemos cuál es el índice de depredación de los gatos domésticos por sí solos? ¿En qué medida afecta la actividad cinegética de los gatos domésticos bien alimentados a la conservación de anfibios, reptiles, aves y mamíferos de todo el mundo? ¿De verdad siguen siendo unos asesinos tan temibles?

Una isla, una gata y un chochín

Para tratar de responder a estas preguntas os contaré una breve y triste historia, la del chochín de la isla de Stephens *(Traversia lyalli)*, que es un ejemplo históricamente comprobado de la extinción de una especie debida a una gata llamada Tibbles y su descendencia.

La isla de Stephens está al sur de Nueva Zelanda y forma parte de un archipiélago de islas más o menos grandes que ha permanecido aislado del resto del mundo durante unos 80 millones de años. Como en los archipiélagos de las Galápagos, las Canarias y Hawái, el aislamiento ha propiciado la diversificación de muchas especies animales que se han adaptado a las condiciones ambientales específicas de cada isla. Para que os hagáis una idea, el

87 % de la avifauna neozelandesa es originaria del archipiélago. La llegada de los maoríes a Nueva Zelanda, que
tuvo lugar en varias oleadas a partir del año 1000 de
nuestra era, provocó la extinción de las nueve especies
de aves moa (unas aves gigantes no voladoras parecidas
al avestruz) debido a la caza y la destrucción de su hábitat. Tras la llegada de los europeos, las crecientes presiones sobre la fauna (caza, destrucción del hábitat, introducción de depredadores alóctonos, cría de animales)
provocaron la extinción de un tercio de las especies de
aves endémicas de Nueva Zelanda. Ajenos, inconscien-
tes o indiferentes a lo que estaba ocurriendo con la deli-
cada fauna del archipiélago, nadie se preocupó cuando,
en 1894, una gata doméstica llamada Tibbles desembarcó preñada en la isla de Stephens. Acompañaba a un per-
sonaje peculiar, David Lyall, un naturalista de corazón
al que habían contratado como farero. En la isla había
unos pajaritos encantadores, de patas grandes y cola corta, que no volaban y que, sobre todo, vivían en un lugar
donde nunca había habido depredadores. Lyall no tardó
en darse cuenta de que estas aves con aspecto de chochín
eran distintas de los chochines que se conocían y pensó
que podría tratarse de una nueva especie que no se había
descrito. Su gata le llevaba a casa muchos cadáveres de
estos chochines, algunos enteros, otros parcialmente con-
sumidos, de forma que Lyall tenía a su disposición varios
ejemplares que podía examinar y comparar. Empezó a
embalsamar algunos, que luego envió a eminentes orni-
tólogos para su identificación. ¿Lyall se dio cuenta de lo
que estaba pasando mientras tanto? Probablemente no.
Cuando Tibbles tuvo una primera camada de gatitos, su

estilo de vida y el de sus crías se fue haciendo muy parecido al de los gatos salvajes: vagaban libremente durante días antes de volver a casa. Al cabo de un año, en la isla de Stephens ya no quedaba ningún chochín vivo. Un año para describir la nueva especie y llevarla a la extinción. Un verdadero récord. Los gatos proliferaron hasta tal punto que a partir de 1899 empezaron a cazarlos y, en 1925, treinta y un años después de la llegada de Tibbles, la isla fue declarada una isla sin gatos, pero para el pequeño chochín ya era demasiado tarde.

Las asociaciones que se ocupan de la conservación de la fauna salvaje y los investigadores dedicados a la conservación de la biodiversidad animal han dado la voz de alarma, pero, por otro lado, realizar análisis para calcular el impacto real de los gatos domésticos en el declive de las poblaciones de animales salvajes es una tarea de enormes proporciones. Encontrar relaciones entre causa y efecto al estudiar la dinámica de las poblaciones de animales salvajes es extremadamente difícil, y la mayoría de las veces no hay respuestas unívocas. Pensemos, por ejemplo, en cómo podríamos medir el impacto de la depredación de los gatos sobre una especie migratoria cuando sabemos poco sobre los factores que influyen en las distintas fases de su ciclo anual, ya que algunas de ellas tienen lugar en países en los que no hay posibilidad de seguimiento. En el caso de las especies que están bien estudiadas, tampoco es fácil medir correctamente el tamaño de la población, y además se necesitaría disponer de estimaciones antes y después de la llegada de los gatos a la zona para poder evaluar su influencia y excluir los demás factores antropogénicos que puedan haber contribuido predominantemente al declive de una población, como el uso de pesticidas en la agricultura o la reducción y fragmentación del hábitat. Por este motivo, los únicos datos seguros de los que disponemos son los que se refieren a islas, o zonas restringidas, donde se han introducido gatos domésticos que han provocado desastres documentados a lo largo del tiempo. Esta incertidumbre alimenta los debates sobre la política y la gestión de los gatos, ya que sus protectores suelen concluir que los gatos no ejercen ningún impacto significativo sobre los pequeños vertebrados y que, por tanto, su gestión es innecesaria. Los defensores de los gatos también tienden a pensar que estos ejercen una presión natural sobre las poblaciones de sus presas y que son eficaces a la hora de depredar individuos que no se encuentran en las mejores condiciones físicas, o que incluso puedan estar enfermos, ejerciendo así una selección natural sobre la especie.

Un estudio realizado en 2008 en diez distritos de la ciudad de Bristol analizó, entre otras cosas, el estado físico de los paseriformes que habían muerto a causa de los gatos, pero los resultados son difíciles de interpretar, porque la menor grasa corporal y masa muscular pectoral de las aves que fueron presa de los gatos y de las que murieron al estrellarse contra las ventanas pueden tener causas distintas. Por ejemplo, cuando están en época reproductiva y están criando, la grasa corporal disminuye debido al esfuerzo reproductivo. Así pues, un ave que no se encuentra en condiciones físicas perfectas podría estar menos nutrida por no gozar de un buen estado de salud (y por tanto la mortalidad debida a la depredación por gatos sería compensatoria) o porque está criando (y en ese caso la mortalidad debida a la depredación por gatos sería aditiva). En el mismo estudio, los gatos domésticos en libertad tenían una densidad muy superior a la de otros carnívoros urbanos, como los zorros o los tejones, y el 60 % de los ejemplares monitorizados no llevaban presas a casa, por lo que la estimación del éxito de depredación en esta muestra era mínima.

Un grupo de investigadores australianos publicó hace dos años una revisión de la bibliografía existente con la intención de llegar a una estimación fiable del problema. Para ello revisaron sesenta y seis publicaciones de estudios realizados sobre la depredación de gatos domésticos en todo el mundo (veinticuatro de ellos se referían a Australia, donde, como hemos visto, el problema es muy grave). A juzgar por los resultados de este análisis, la tasa de depredación del gato doméstico es solo el 25 % de la del gato feral, pero su densidad es mucho mayor. Por consiguiente, la tasa de depredación por kilómetro cuadrado de los gatos domésticos en zonas residenciales es de 25 a 52 veces superior a la de los gatos ferales en entornos naturales y casi el doble que la de los gatos ferales en entornos urbanos. Curiosamente, aunque los gatos domésticos también depredan ratones y ratas, la presión depredadora sobre estas especies no es suficiente para lograr un control eficaz de estas poblaciones.

Un estudio realizado en 2018 en una zona industrial del distrito de Brooklyn (Nueva York) con una colonia de ratas –a las que previamente se les habían puesto microchips para su seguimiento a distancia– demostró que los gatos callejeros que frecuentaban la zona rara vez depredaban ratas adultas, que pueden pesar hasta 340 g.

En cinco meses solo se observaron tres episodios de caza, dos de los cuales terminaron con la captura y muerte de las ratas (ninguna de las dos ratas capturadas llevaba microchip y, por tanto, no se conocía su peso, aunque se estima que rondaba los 250 g), además de veinte episodios de emboscada. Las ratas cambiaron su comportamiento haciéndose menos visibles cuando llegaron los gatos, pero no por ello abandonaron su zona. Tal vez os sorprenda esta escasa aptitud depredadora de los gatos neoyorquinos, pero no hay que olvidar que una rata adulta de ese peso puede defenderse con bastante eficacia, entre otras cosas porque tiene un carácter bastante agresivo, por lo que el gato corre el riesgo de recibir un buen mordisco y caer enfermo a consecuencia de ello (las ratas son presas muy distintas de los pequeños ratones domésticos, aunque a menudo las personas que no tienen interés por la zoología o carecen de conocimientos sobre este ámbito las llamen erróneamente «ratones»). De ahí que la introducción de gatos domésticos para el control de ratones y ratas haya resultado ser un desastre ecológico, sobre todo en ambientes frágiles y para especies poco acostumbradas a la presencia de depredadores. Los «ratones» de Nueva York son sin duda animales muy resistentes a las presiones ejercidas por la presencia de gatos, y a pesar de ello adoptaron un comportamiento más cauteloso: estos cambios de comportamiento forman parte del llamado «paisaje del miedo» *(landscape of fear,* LOF), un concepto que hace referencia a la «ecología del miedo». Es como si el animal viera su entorno cubierto por una especie de «niebla del miedo».

El paisaje del miedo es un rasgo de comportamiento de un animal individual (y también de todo ser humano: cuántas personas se arriesgan a visitar países políticamente inestables o con un alto índice de delincuencia por no renunciar al placer del conocimiento, los viajes y el intercambio cultural siendo conscientes de los riesgos que conllevan), que, sin embargo, también se aplica a nivel poblacional. Básicamente, cada individuo percibe su entorno en función de un análisis de costes y beneficios en cuanto a la seguridad del hábitat y la presencia de alimento. Por ejemplo, si un depredador como el lobo está activo en una determinada zona por la noche, un corzo, posible presa de este animal, evitará esas zonas durante las horas de actividad del lobo, o al menos buscará el mejor compromiso entre la necesidad de beber y comer y el riesgo de ser cazado.

Por lo tanto, los depredadores también influyen indirectamente en las dinámicas de las poblaciones de las presas alterando su comportamiento, lo que puede tener efectos subletales, limitando, por ejemplo, el éxito reproductor. Sobre ello se realizó un interesante estudio en la ciudad inglesa de Sheffield en 2013. Se colocó un gato embalsamado cerca de los nidos de mirlo común *(Turdus merula)* para ver el efecto que producía en el comportamiento de estas aves durante la época de cría. Como grupo de control se colocaron otros dos animales embalsamados: un conejo *(Oryctolagus cuniculus)* y una ardilla gris de las Carolinas *(Sciurus carolinenis,* elegida porque se sabe que puede depredar los nidos de las aves). Los mirlos adultos emitieron un número significativamente mayor de reclamos de alarma por el gato que por el conejo o la ardilla, aunque esta última provocara más alarma que el conejo. Durante el periodo de incubación de los huevos, los tres animales embalsamados fueron atacados con igual intensidad, pero cuando ya había polluelos, los ataques se dirigieron principalmente contra el gato. Además, la alimentación de los polluelos se redujo en un tercio en presencia del gato y durante los noventa minutos de observación posteriores a su retirada. Un último dato importante fue la tasa de depredación sufrida por los mirlos en las veinticuatro horas siguientes a la retirada de los animales embalsamados. El comportamiento antidepredador de los mirlos adultos atrajo la atención de depredadores reales (como los córvidos): cuanto más intensa había sido la respuesta de los mirlos, mayor era la probabilidad de que fueran depredados más tarde. De modo que, incluso después, el gato tuvo un efecto negativo indirecto mayor que los del conejo y la ardilla. Sin duda, hay animales salvajes que han coexistido con la presencia de gatos domésticos durante milenios, por lo que es posible que hayan desarrollado estrategias de comportamiento para limitar el riesgo de depredación, pero también es cierto que los gatos que viven en libertad nunca han sido tan numerosos y que la fauna ya se enfrenta a muchos retos medioambientales impuestos por los efectos de la actividad humana, como el cambio climático, la reducción del hábitat, etc. Por eso es importante vigilar a nuestro gato para que no imponga más costes a las aves, reptiles y pequeños mamíferos. Para ello se ha experimentado con el uso de un collar de tela suave de colores muy vivos que hace que el gato resulte muy visible para sus presas, reduciendo su éxito depredador (collar Birdsbesafe®). Según los datos recogidos, parece ser bastante eficaz para proteger a las aves (su depredación se redujo un 42 %), pero no a los mamíferos. Por otra parte, tampoco hay que olvidar el riesgo de que el gato se quede enganchado con el collar, por más que se utilicen collares de liberación rápida. En cualquier caso, puede ser una buena solución para los gatos que pasan tiempo en libertad en el jardín de casa, donde siguen estando bajo nuestro control. Recuerdo también que en 2020 se llevó a cabo una investigación que comprobó la existencia de dos elementos que reducen la actividad depredadora de los gatos domésticos: una dieta de calidad, rica en carne y sin cereales (que redujo en un 36 % el número de presas) y entre cinco y diez minutos de juego diario con el dueño (-25 %). Así pues, disponemos de herramientas que pueden ayudarnos a conseguir que nuestro gato sea menos letal incluso en el jardín de nuestra casa.

No solo caza

Por último, no debemos olvidar que el gato, como cualquier otro ser vivo, puede ser agente de zoonosis, es decir, de enfermedades transmitidas por los animales que se convierten en vectores de virus o bacterias patógenas.

El gato puede transmitir enfermedades como la rabia, la peste, la leucemia felina y la toxoplasmosis a los animales salvajes.

Toxoplasma gondii es un protozoo parásito unicelular perteneciente al filo Apicomplexa, que agrupa a los protozoos endoparásitos dotados de una estructura apical para penetrar en las células del huésped. El gato (como los felinos en general) es el huésped definitivo de este protozoo, que se reproduce sexualmente en su intestino dando lugar a ooquistes, es decir, quistes que contienen los huevos fecundados del parásito. Los ooquistes se excretan con las heces y sobreviven en el medioambiente durante meses o años, incluso en condiciones extremas, como las aguas saladas o los suelos helados. Y ahí esperan a ser ingeridos por otros huéspedes, llamados «intermediarios» como los ratones, las ratas y los pájaros, y también los seres humanos. De hecho, los seres humanos podemos infectarnos a través de las heces de los gatos, pero asimismo, y con mucha más facilidad, al comer carne poco cocinada de animales como el cerdo, el cordero o la carne de caza, que a su vez estén infectados (en realidad, todos los mamíferos y aves pueden ser huéspedes intermediarios). Una vez que han llegado a los intestinos de los huéspedes, los ooquistes se transforman en taquizoitos, que se reproducen rápidamente de forma asexual haciendo que «exploten» las células infectadas y se propague la infección a diversos tejidos, incluido el tejido nervioso y, por tanto, el cerebro. Aquí se transforman en organismos de multiplicación lenta conocidos como «bradizoitos» que dan lugar a quistes que pueden permanecer latentes durante años y son muy resistentes y difíciles de eliminar. En esta fase de la infección ocurre algo asombroso: el comportamiento del animal infectado cambia y, en lugar de tener miedo y evitar las zonas con un persistente olor a gato, lo que hace es frecuentarlas activamente bajando la guardia; por lo que se convierte así en presa fácil para otros gatos, con lo cual el toxoplasma podrá infectar a nuevos huéspedes. Se trata de una estrategia «genial», que en realidad no es tan infrecuente en el mundo de los parásitos. Se ha demostrado experimentalmente que el comportamiento de los roedores y los pájaros infectados por toxoplasma no cambia debido a un cortocircuito nervioso provocado por la presencia de los quistes, sino porque le pierden el miedo al olor de los gatos, cuya orina les resulta realmente atractiva. A mí me fascina todo este mundo, pero no se nos puede olvidar que el toxoplasma causa una enfermedad que puede resultar mortal si no se trata a tiempo, por lo que es fácil imaginar que si otros animales salvajes, aparte de los ratones y las ratas, se infectan, pueden morir. Esto es lo que ocurrió con algunos ejemplares de foca monje de Hawái (*Neomonachus schauinslandi*, una de las tres especies de foca monje; las otras dos son la foca monje del Caribe, *Neomonachus tropicalis*, que ahora se considera extinta, y la foca monje del Mediterráneo, *Monachus monachus*, cuya población ha disminuido a menos de 500 individuos). Desde los años cincuenta, el toxoplasma empezó a extenderse por las islas del archipiélago debido a la gran población de gatos domésticos. Cuando llueve, el agua transporta a las playas y aguas costeras los ooquistes, que luego pueden ser ingeridos por estos mamíferos marinos, ahora poco comunes. En los últimos diez años, al menos ocho focas monje de Hawái han muerto por toxoplasma, pero es probable que sean muchas más, porque, lógicamente, no todas mueren en la playa, donde los investigadores pueden encontrarlas y analizarlas. Pero, ojo, las focas monje están al borde de la extinción porque las hemos cazado por su piel, su carne y su grasa, porque hemos contaminado su hábitat y porque quedan atrapadas en las redes de pesca, al margen de que ahora las infecciones por toxoplasma también pueden tener un impacto negativo en la conservación de una especie que cuenta con poco más de 1.400 individuos. Por tanto, nos enfrentamos a un problema real de no poca magnitud, aunque de difícil solución.

El debate interminable

Aunque haya muchas pruebas de que nuestros adorables gatitos son realmente un peligro para anfibios, reptiles, aves y pequeños mamíferos cuando abandonan el sofá de casa y salen al exterior para realizar todas sus actividades características, cuando los amantes de los gatos se enfrentan a los resultados de la actividad de caza de estos felinos no suelen estar de acuerdo con la imposición de restricciones a su libertad de movimientos alegando la «naturalidad» del comportamiento y el riesgo de tener gatos aburridos y deprimidos. El problema es que, aunque estos gatos domésticos estuvieran controlados, a estas alturas ya hay millones de gatos «sin dueño» tiranizando la vida salvaje en todos los continentes, además de los verdaderamente ferales y los urbanos, todos igualmente responsables de alguna matanza.

En Nueva York se debatió sobre la conveniencia de mantener dos colonias de gatos en el parque estatal de Jones Beach, cerca de los lugares de nidificación del frailecillo silbador *(Charadrius melodus),* una pequeña ave de la familia de los carádridos que vive a lo largo de las costas atlánticas de Canadá y Estados Unidos, en la región de los Grandes Lagos y en las llanuras estadounidenses. La especie está en peligro de extinción, por lo que, desde luego, tener gatos que puedan cazar fácilmente huevos y polluelos no es la situación ideal para su conservación. La «guerra» incluso llegó a librarse en los tribunales cuando un hombre que disparó y mató a un gato que estaba a punto de cazar a un pequeño frailecillo fue demandado por la asociación de voluntarios que se encarga de cuidar de estas colonias felinas. Seamos claros, desde un punto de vista ético, la cuestión es bastante espinosa. Estos gatos, que están acostumbrados a vivir en libertad, podrían no ser capaces de adaptarse a una vida en familia si se les adopta, con lo que correrían el riesgo de ser sometidos a eutanasia o abandonados de nuevo. Pero ellos no tienen la culpa, pues se comportan según la naturaleza. Son fruto de nuestra insipiencia y de nuestra dificultad para manejar racionalmente problemas que tocan las cuerdas profundas de nuestra relación con los animales de compañía. La estrategia de esterilizar y soltar gatos sin dueño en el territorio no ha resultado eficaz para contener su número. Las colonias no han desaparecido a lo largo de los años por muchas razones: en primer lugar, porque para lograr una disminución significativa del número de individuos que conforman una colonia a lo largo del tiempo es necesario capturar y esterilizar al menos al 70 % de los gatos, lo cual es un objetivo muy difícil de alcanzar (un estudio realizado entre 1998 y 2006 por Felicia Nutter, estudiante de doctorado de la Universidad Estatal de Carolina del Norte, demostró que al capturar al 98 % de los gatos presentes en dos colonias y esterilizarlos o vasectomizarlos, las colonias se redujeron significativamente tras un periodo comprendido entre los cuatro y seis años, mientras que la colonia de control sin CES –captura, esterilización y suelta– aumentó numéricamente); en segundo lugar, porque a las colonias llegan nuevos gatos, en parte atraídos por la comida, que siempre está disponible, y en parte abandonados por dueños irresponsables, con lo que el esfuerzo de captura y esterilización es continuo, intenso e interminable. Por más que los gatos esterilizados no tengan que hacer frente a los costes asociados a la reproducción (pelear, en el caso de los machos; parir y amamantar, en el de las hembras) y tampoco nazcan crías que corran el riesgo de morir pronto y mal (las enfermedades infecciosas como la rinotraqueitis o la panleucopenia diezman a los gatitos), estos gatos están expuestos a un frío y un calor excesivos y a muchos riesgos ambientales, como, por ejemplo, que los atropelle un coche o los mate un perro o alguna persona (solo por mencionar algunos aspectos negativos de la vida en libertad). Está claro, además, que la esterilización no impide que depreden la fauna salvaje aunque sean gatos bien alimentados gracias a los voluntarios. Se ha demostrado que si un gato que está comiendo ve una posible presa, puede dejar de comer para matarla y seguir comiendo después. Si bien es cierto que un gato bien alimentado le dedica mucho menos tiempo a la caza que un gato hambriento, tener la barriga llena no suprime el instinto depredador. Una vez esterilizados, a estos gatos habría que darlos en adopción, con todas las dificultades de adaptación que hemos visto, o bien mantenerlos constantemente vigilados en espacios cerrados, lo que supondría un coste ingente; e incluso en este caso podrían llevar una vida miserable, porque, si no se gestionan bien, estos recintos pueden poner en riesgo el bienestar de los gatos, en lugar de mejorarlo, debido al hacinamiento, por ejemplo. Pero, entonces, pensaréis, ¿qué otra cosa se puede hacer? ¿Matarlos a todos? En Australia llegaron a esta decisión para el caso de los gatos asilvestrados y tardaron unos veinte años en promulgar, en 1998, un plan que consiste en la «disminución de la amenaza de depredación que plantean los gatos ferales». Como habréis notado, no se dice explícitamente que se vaya a sacrificar a estos animales, sino que se disminuirá el riesgo de su depredación. Las autoridades australianas consideran necesario precisar que matar a los gatos ferales tiene como único objetivo salvaguardar la fauna autóctona y que debe encontrarse la manera más humana de hacerlo incorporando otras formas de control de las poblaciones. El éxito del plan de exterminio depende de la eficacia de los cebos Curiosity, preparados con carne de canguro, grasa de pollo y aromatizantes junto con 4-aminopropiofenona, una sustancia que convierte la hemoglobina de la sangre en metahemoglobina, que no se une reversiblemente al oxígeno, lo que provoca la muerte por falta de oxígeno en los tejidos.

Según la Royal Society for the Prevention of Cruelty to Animals, se trataría de una muerte «humana» porque el animal caería en un sueño letal y moriría en dos horas permaneciendo inconsciente y sin convulsiones ni espasmos (el concepto de «muerte humana» no es fácil de delimitar, pero a grandes rasgos podemos decir que los expertos definen la matanza de un animal como «no cruel» cuando este muere instantáneamente o es insensible al dolor hasta que se produce la muerte, y los procedimientos no deben crear sufrimiento ni angustia ni antes ni durante su aplicación). Según las pruebas realizadas en zonas seleccionadas, el cebo sería seguro porque no les gusta a los animales no objetivo, que escupirían la cápsula que contiene el veneno si la consumieran. He utilizado el tiempo condicional porque, en realidad, no todo el mundo está de acuerdo con este panorama tan halagüeño. Un experimento de 2020 demostró que los gatos muestran los primeros signos de intoxicación 242 minutos después de haber consumido el cebo (la cabeza les cuelga como si tuvieran sueño y sus movimientos empiezan a ser descoordinados), se desploman al cabo de otros 74 minutos (se tumban de lado sin moverse) y mueren pasados otros 113 minutos, lo que arroja un saldo de 427 minutos de media. Observando el comportamiento de los gatos durante las distintas fases de intoxicación, en referencia a una escala de sufrimiento elaborada a partir de criterios de bienestar animal, el sufrimiento causado se consideró «leve» (en inglés, *mild:* pérdida de consciencia no inmediata, sin/mínimos signos de aversión y sin/mínimo sufrimiento antes de la muerte; https://pestsmart. org.au/). Sin embargo, los autores admiten que no pudieron verificar el estado de inconsciencia ni si los gatos estaban lúcidos, y por tanto si experimentaban un estado de confusión, estrés o ansiedad. No obstante, la evaluación ética de estos programas no puede limitarse a la mera estimación del sufrimiento generado por la matanza: se impone una reflexión más amplia sobre nuestro derecho a elegir a qué animales se debe proteger y a cuáles puede matarse, una reflexión sobre el valor de la vida de los animales. Es difícil pensar que la humanidad vaya a encontrar una respuesta inequívoca a este dilema. Desde el punto de vista de una ética del bienestar animal, matar a unos animales para preservar a otros es inadmisible y hay que defender todas las vidas (son de esta opinión Marc Bekoff y Jane Goodall, por citar a dos eminentes etólogos). En cambio, desde el punto de vista de una ética medioambiental se considera correcto cuando en un lado de la balanza está la supervivencia de una especie que ha evolucionado naturalmente en ese medio, y en el otro, la de una especie introducida que no está en peligro de extinción. En este contexto el sufrimiento es irrelevante, según algunos pensadores (John Baird Callicott y Holmes Rolston se encuentran entre los filósofos de la ética medioambiental). Se trata de puntos de vista antitéticos e inamovibles.

Gato en la ventana

Muchos conoceréis la famosa xilografía de Utagawa Hiroshinge en la que se ve a un gato blanco bobtail (una antigua raza de gatos japoneses que tienen la cola cortísima) mirando la campiña japonesa desde la ventana. En esta obra de 1858 titulada *Gato en la ventana,* el artista, uno de los exponentes más conocidos de la tradición *ukiyo-e* (literalmente, «pinturas del mundo flotante»), congela como en un fotograma la esencia de la vida de los gatos que viven encerrados en casa. Las sensaciones que transmite la imagen pueden describirse más que nada con palabras como «resignación», «nostalgia» y «privación» el gato observa un mundo que le está vedado y en el que podría dar rienda suelta a sus comportamientos naturales. Y yo soy la primera en entenderlo. Siempre he dejado libres a mis gatos porque, al evaluar los riesgos y beneficios de la situación ambiental en la que se encontraban, los beneficios superaban con creces los riesgos: tenían grandes jardines a su disposición porque las casas estaban en barrios residenciales tranquilos y aptos para mascotas, de modo que tuvieron la oportunidad de elegir qué hacer. Micetta solo hacía unas breves y esporádicas incursiones por el jardín, y aun así dejó de hacerlo muy pronto, mientras que Tris siguió pasando las noches al aire libre hasta una edad muy avanzada, sin dejar de entrar y salir a su antojo. Pero en la situación actual no sé si seguiría dejando salir a los gatos: ahora hay demasiados coches, demasiados conductores poco respetuosos con los límites impuestos por la ley y demasiada gente que no está acostumbrada a la presencia de animales o es poco tolerante, por lo que siempre tendría el temor de que alguien les hiciera daño intencionadamente. Decidir si dejamos salir a nuestro gato (en cualquier caso, esterilizado, porque no queremos contribuir al vagabundeo felino) es consecuencia de una valoración personal, pero es una decisión que debe estar bien meditada y que no puede tomarse únicamente en virtud de un «naturalismo» infundado.

Además de los accidentes de tráfico, que son la principal causa de muerte, sobre todo en gatos jóvenes (datos recogidos en el Reino Unido por médicos veterinarios), existen otros riesgos que debemos tener en cuenta: por ejemplo, la transmisión de enfermedades infecciosas importantes —como el virus de la inmunodeficiencia felina (VIF) y el virus de la leucemia felina (FeLV)–, la muerte causada por perros o, en el campo, la depredación por parte de los zorros.

A la hora de decidir qué tipo de vida queremos para nuestro gato, debemos ser conscientes de que es posible darles una vida plena y satisfactoria aunque estén encerrados en casa. Así pues, vamos a ver cómo hacerlo. Desde luego, muy pocos gatos de ciudad tienen acceso a terrazas o jardines de un tamaño significativo para un animal que puede tener un ámbito hogareño (*home range*, zona familiar frecuentada por un individuo en su vida) de unas 2 ha (según un estudio realizado en Illinois con dieciocho gatos domésticos en libertad monitoreados con radiocollar). Entonces ¿cómo podemos asegurarnos de que nuestro gato tenga una vida activa e interesante? Es un problema que se plantean sobre todo las personas que, con diversas funciones, son responsables de gatos que viven confinados en protectoras de animales en espera de adopción (y muchas veces de por vida porque, por estar enfermos, no pueden ser adoptados) o en laboratorios de investigación, donde pueden correr fácilmente el riesgo de vivir en un entorno subóptimo por falta de espacio y estimulación adecuados o en condiciones sociales que tampoco son adecuadas. Vivir durante muchos años en un entorno monótono que limita muchísimo el comportamiento en toda la variedad de sus expresiones puede conducir a la aparición de conductas anormales, como desarrollar hiperactividad, agresividad o apatía; manifestar estereotipias locomotoras u orales (la estereotipia es la repetición de un patrón de comportamiento sin función aparente durante largos periodos, como correr sin parar alrededor del perímetro de una jaula); lamerse o arañarse continuamente, hasta el punto de hacerse daño, o comer y beber en exceso, por citar solo algunas. Estos comportamientos son indicativos del malestar que siente el animal en las condiciones en que se encuentra y de la escasa calidad de vida (bienestar) que experimenta. Por desgracia, este tipo de problemas también forman parte de las descripciones que hacen los dueños de gatos que han participado en alguno de los numerosos estudios que se han realizado con el objetivo específico de investigar el tipo de relación que se establece entre ambos, los conocimientos que poseen los dueños sobre los elementos básicos del comportamiento del animal y la frecuencia con la que se presentan los problemas de conducta en gatos que viven exclusivamente dentro de casa. Os presento brevemente los resultados de un estudio que se realizó en Estados Unidos en 2019 y en el que participaron 574 dueños. La hipótesis principal era que los dueños con un conocimiento más preciso del comportamiento de los gatos y un vínculo más fuerte con ellos tendrían que afrontar menos problemas de conducta. El análisis de los datos confirmó la hipótesis principal de los investigadores: los conocimientos del dueño sobre el comportamiento de los gatos y su naturaleza como animales de compañía, combinados con una fuerte relación afectiva, son predictores significativos del número de problemas de conducta que se presentan. Un mayor conocimiento por parte del dueño se corresponde con un menor número de problemas de comportamiento declarados en el cuestionario, un menor uso de castigos positivos ante una conducta considerada incorrecta y una mayor tolerancia ante posibles problemas de comportamiento cuando aparecen. Algunos tópicos infundados sobre los gatos (a los gatos solo les interesa la comida que se les da, y no las personas; los gatos son animales solitarios; a los gatos no les gusta jugar con las personas; los gatos no pueden ser adiestrados; a los gatos no les afecta cuando el dueño se va de casa y se quedan solos; los gatos orinan fuera del arenero para fastidiar al dueño, etc.) y la percepción de los elevados costes de los cuidados que necesitarían están correlacionados con el uso de castigos positivos. Según los resultados de la encuesta, es posible que muchos gatos que viven dentro de casa reciban muy poca atención de sus dueños; por ejemplo, porque pasan mucho tiempo solos (el 40 % está solo de cinco a doce horas al día) y apenas juegan con miembros de la familia (el 52 % rara vez o nunca).

Hay muchos estudios en la literatura científica que ofrecen sugerencias para enriquecer el entorno y mejorar el bienestar de los gatos que viven en situaciones de confinamiento sin tener dueño, pero estas sugerencias también pueden sernos útiles para hacer menos aburrida la vida de nuestro gato en casa. El primer elemento que debemos tener en cuenta, y quizás el más obvio, es el espacio que el gato (o los gatos) tienen a su disposición. En este sentido, lo primero que hay que pensar es que para un gato que puede pasear libremente por todas las habitaciones de un piso lo que realmente marca la diferencia no es tanto la cantidad de espacio como su calidad. Teniendo en cuenta las actividades que realizaría un gato si tuviera libertad para salir, como marcar su territorio, trepar a los árboles y esconderse para tender una emboscada o escapar de un depredador, nos damos cuenta de que el entorno en el que viviría es muy complejo, y por tanto debemos intentar que su hogar, el nuestro, también lo sea.

Empecemos por considerar la dimensión vertical. Es poco probable que tengamos en casa plantas lo bastante altas y robustas como para soportar que un gato adulto trepe por ellas (por no hablar del árbol de Navidad, que suele quedar desterrado de las casas con gatos), mientras que sí solemos contar con muebles que pueden proporcionar un cómodo punto de observación. A Tris, por ejemplo, le encantaba encaramarse al armario de la cocina, desde donde observaba a mi madre mientras cocinaba. Estar en alto le ofrece varias ventajas al gato, como disfrutar de una perspectiva desde la que puede observar sin ser visto al tiempo que se mantiene protegido, por ejemplo, de los niños, que a lo mejor están jugando muy animadamente. Si no hay muebles adecuados en casa, se podrían instalar fácilmente estanterías lo suficientemente anchas como para que quepa un gato y colocarlas de forma escalonada a modo de gimnasio, de manera que pueda desarrollar la agilidad y contar con un lugar seguro. Si la casa está en construcción, se podrían habilitar pasarelas en la mampostería para construir «caminos» altos por los que el gato pueda pasar de una habitación a otra sin tener que bajar al suelo. En Internet hay muchos ejemplos de cómo se puede reproducir un ambiente complejo, como un bosque, en una casa de ciudad recurriendo a sencillos trucos y objetos de mobiliario compuestos por estantes. Para quien no pueda cambiar nada de la casa, quizá porque no es suya, hay una gran variedad de estructuras que se pueden montar y que constan de un poste central, que va desde el suelo hasta el techo, y muchas islas laterales, que son plataformas o cajas con aberturas que también ofrecen un escondite para descansar.

Los escondites son un excelente enriquecimiento ambiental que repercute positivamente en el bienestar; y cuando un gato llega a un entorno nuevo o tiene que enfrentarse a alguna novedad en su rutina, el hecho de que pueda contar con escondites reduce los síntomas de estrés conductual y fisiológico. Normalmente, en casa ya tienen muchos sitios en los que esconderse, como armarios y cajones, pero estos lugares también pueden convertirse en trampas. Schizzo y Tris se quedaron veinticuatro horas encerrados en un armario grande escondidos entre la ropa, y eso que yo ya había ido a mirar allí varias veces. Porque el caso es que, si de verdad quieren esconderse, puede que prefieran un armario lleno de ropa y otras cosas en vez de una casita en la que se les pueda ver fácilmente, pero eso es lo bonito de compartir la vida con un animal, ¡que siempre te sorprende!

Los escondites y las superficies altas son muy útiles cuando viven varios gatos bajo el mismo techo, pues en momentos de conflicto social pueden retirarse «a su cuarto» y descargar la tensión. El gato debe tener la posibilidad de elegir y controlar su ambiente: a los gatos no les gustan las situaciones impredecibles, como la llegada de una persona desconocida u otro gato, y por eso es importantísimo dejar que sean ellos los que elijan si quieren dejarse ver y cuándo.

Los rascadores también son importantes para que los gatos puedan afilarse las uñas y marcar el territorio. Los hay de muchos tipos, y puede que vuestro gato no lo use enseguida, en cuanto lo compréis, o que le encante el material con el que está hecho. Eso lo iréis descubriendo poco a poco. Hay quienes aconsejan que se pongan rascadores en más de un lugar, por ejemplo, en las zonas de entrada y salida de la casa y también cerca del sitio en el que duerma, puesto que son lugares que el gato querrá marcar como parte de su entorno.

Si tenemos una terraza, un balcón o un jardín, es conveniente equiparlos y convertirlos en lugares seguros para ofrecerles una mayor variedad en el ambiente y algo de vida al aire libre. El instinto de saltar a la barandilla de la terraza o el balcón y quedarse ahí haciendo equilibrio podría ser fatal. Nuestros gatos no son imprevisibles, sino todo lo contrario: una mariposa o un gorrión que se pose en los maceteros de flores que cuelgan de la barandilla es un reclamo irresistible, pero basta un solo instante para precipitarse al suelo quizá desde el quinto piso, y os aseguro que –a pesar de la proverbial capacidad de los gatos de darse la vuelta en pleno vuelo para aterrizar a cuatro patas– ya una caída desde pocos metros puede tener graves consecuencias para toda la vida. Para evitarlo se pueden comprar unas redes transparentes que se tensan desde la pared exterior de la casa y se enganchan a las barandillas, lo que protege a nuestros gatos de este tipo de accidentes y al mismo tiempo les permite disfrutar de la terraza con seguridad. Si no tenemos balcón ni terraza, podemos darle a nuestro gato la oportunidad de observar la vida desde la ventana. Si el alféizar no es lo suficientemente profundo, podemos colocar un estante o plataforma cerca de la ventana, pero teniendo cuidado de poner la mosquitera cuando esté abierta y vigilándolo, sin dejarlo solo durante horas en esa situación. En cambio, si tenemos un jardín, podemos hacer que sea seguro utilizando distintos sistemas de redes y vallas (podéis haceros una idea consultando la página https://protectapet.com; no recomiendo el sistema Catios, que consiste en una especie de jaula, ya que al gato puede resultarle frustrante estar viendo que fuera hay un espacio en el que no puede estar). De esta forma, nuestro gato podrá disfrutar al revolcarse por la hierba y afilarse las uñas en un tronco de verdad sin correr ningún riesgo (accidentes, perros, envenenamientos) y sin molestar a los vecinos por invadir su terreno, al tiempo que se protege a la fauna (bueno, claro, siempre es posible que alguna lagartija, algún ratón o algún pájaro se cuelen en el jardín, pero estoy segura de que el impacto sobre la conservación de la biodiversidad es en este caso realmente insignificante y, de todos modos, con los trucos que hemos visto podemos hacer que nuestro gato sea un depredador menos decidido).

Mi amiga y colega Simona Normando fue una auténtica pionera de la «seguridad en la casa y el jardín» y me asombró con sus efectos especiales: el jardín y las terrazas de su chalet son una obra maestra artesanal de redes y vallas transparentes que impiden que sus tres gatos acaben casi con toda seguridad «planchados» en la carretera, ¡mientras disfrutan de un poco de vida *wild!*

Pasemos ahora al entorno olfativo y gustativo. En este ámbito también podemos aplicar estrategias para ofrecerles estímulos que les gusten enriqueciendo su entorno: la hierba gatera *(catnip,* en inglés; *Nepeta canaria* es su nombre científico) tiene un olor que atrae mucho a los gatos. Puede cultivarse en macetas o utilizarse seca para esconderla dentro de sus juguetes. Pero los gatos también tienen sus preferencias individuales cuando se trata de olores; por ejemplo, a Micio le volvía loco la madera de olivo, y si encontraba objetos con incrustaciones de esta madera, los lamía con fruición, babeando de gusto.

Se han realizado estudios para averiguar qué olores pueden estimular más a los gatos y, aparte de la preferencia por la hierba gatera y el olor a presa (codorniz), el truco es ir alternando los olores, porque los gatos pierden pronto el interés. Por otra parte, es importante evitar el uso de limpiadores domésticos demasiado perfumados (el olor a limón les resulta especialmente molesto) y recordar que estas sustancias son venenosas, por lo que no pueden quedar a su alcance.

Por lo que se refiere al aspecto nutricional, ya hemos mencionado que son bastante exigentes y no suele gustarles comer siempre lo mismo quizá porque en la naturaleza se alimentan de distintos tipos de presas. Aparte de la variedad, a los gatos les gusta disfrutar de pequeñas y numerosas comidas a lo largo del día. Si tenéis que pasar muchas horas fuera de casa, podéis recurrir a los distribuidores de comida programables, o bien esconder la comida en varios lugares de la casa, lo que al mismo tiempo estimula el comportamiento de búsqueda. Para esconder la comida se pueden usar distintos objetos, incluso hechos en casa, lo que a su vez les mantiene la mente ocupada tratando de conseguir el apetitoso aperitivo.

Hay que tener cuidado con las plantas que tenemos en casa porque muchas pueden contener alcaloides y otras sustancias venenosas para los gatos (si tenéis buena mano con la jardinería y os gusta tener muchas plantas en casa, os encantará el portal didáctico veterinario de la Universidad de Bolonia, que en la sección didáctica de toxicología trata muy bien este tema y detalla las plantas peligrosas: http://portaledidatticovet.org). Por último, hay que vigilar la temperatura: a los gatos les gustan las temperaturas altas (lo ideal son 30 °C), por lo que en invierno conviene proporcionarles lugares cálidos y protegidos para dormir, incluso en hogares con calefacción: ¡a cuántos gatos les encanta dormir sobre los radiadores!

Y luego estamos nosotros, los humanos, con los que pueden disfrutar de momentos de mimos y juego, porque los gatos, incluso de adultos, conservan una gran motivación por el juego, que se cree que está relacionada con la motivación depredadora. Los juguetes que más atraen a los gatos son los que tienen movimiento, e independientemente de su forma, lo que marca la diferencia es el material del que están hechos: los blandos, con pelo y plumas falsas en los que puedan clavar garras y dientes son sin duda los más eficaces. Para satisfacer la innata curiosidad del gato también es útil llevar a casa de vez en cuando algunas cajas de cartón o bolsas grandes para que las explore y se esconda en ellas hasta que pierdan su poder de atracción.

La curiosidad de los gatos me parece realmente emblemática. El gato de un amigo de mi hermano, husmeando

en el cuarto de baño donde el fontanero estaba arreglan-
do una fuga de la bañera, terminó atrapado en el hueco
que había quedado entre esta y el muro de contención, y
cuando, después de buscar en vano durante horas, oye-
ron un maullido procedente de la bañera, el fontanero
tuvo que volver a romper el muro para rescatarlo. Si queréis encontrar ideas sobre cómo mejorar el entorno y
cómo cuidar a un gato doméstico, os aconsejo que visi-
téis el sitio web International Cat Care (https://icatcare.
org) y la selección de vídeos informativos breves del canal de YouTube de Cat Protection (www.youtube.com/
user/catsprotectionuk). Por último, quisiera señalar que,
como todos los carnívoros, el gato doméstico pasa buena
parte del tiempo descansando, por lo que tenemos que
tener cuidado de no estimularlo en exceso, ya que podríamos correr el riesgo de volverlo neurótico por una
sobredosis de enriquecimiento y estimulación, como es-
cribió Michel de Montaigne en 1580 en su *Apología de
Raymundo Sebunde (Ensayos,* Libro II, capítulo XII):

> Cuando juego con mi gata, ¿quién sabe si es ella la que se di-
> vierte más entreteniéndose conmigo que yo jugando con ella?
> Nos entretenemos mutuamente con trucos simiescos, y si yo
> tengo mis momentos para empezar o rechazar, ella también
> tiene los suyos.

Conclusiones
Dulce y feroz, cariñoso
e independiente; en una palabra, gato

Ven, precioso gato, ven a mi amoroso corazón;
retén tus garras,
deja que me hunda en tus hermosos ojos
de ágata y metal.

Charles Baudelaire

Hemos llegado al final de este libro, en el que espero haberos contado algo que os resulte interesante, algo nuevo, pero sobre todo haber hecho que veáis al gato desde un punto de vista distinto, el del largo camino evolutivo que hoy nos permite disfrutar de la compañía de un animal que aún sabe ser orgulloso e independiente, un animal que, como dice Pablo Neruda en su famosísima *Oda al gato,* «apareció completo / y orgulloso: / nació completamente terminado, / camina solo y sabe lo que quiere».

No será casualidad que en el texto *Iconologia del cavaliere Cesare Ripa* (1767), la Libertad se represente como una mujer vestida de blanco que, sosteniendo con la mano derecha un cetro y con la izquierda un sombrero, tiene a sus pies un gato, un animal que ama su libertad y «no soporta ser atrapado por la fuerza de los demás». Y, efectivamente, no sé cuántas veces he intentado hacerme una foto con Micio y lo único que he conseguido han sido retorcimientos espasmódicos, fotos borrosas y algún que otro arañazo involuntario mientras saltaba, desesperado, de mis brazos.

Me consuelo pensando que, como cuenta el gran zoólogo Desmond Morris en su precioso libro *Cats in Art,* parece que también se encontró en esta situación el gran Leonardo da Vinci, que cuando quiso hacer un cuadro de la Virgen con el Niño sosteniendo un gato, hizo al menos ocho estudios preparatorios con muchos esbozos de los que se desprende que el pobre niño no podía mantener quieto al gato, que no paraba de forcejear; ¡probablemente bastante nervioso!, diría yo. El cuadro no llegó a terminarse, o al menos aún no se ha encontrado, pero los gatos son protagonistas indiscutibles de toda una serie de miniaturas, pinturas, grabados y murales a lo largo de la historia del arte.

Ciertamente, durante casi seiscientos años los gatos han sido perseguidos (recordemos la larga Edad Media de la quema de brujas y sus gatos, y la masacre de gatos negros, que se consideraban la encarnación de Satán), menospreciados incluso por ilustres eruditos y definidos como ladrones poco fiables a los que solo se toleraba para controlar las poblaciones invasoras de ratones y ratas. Y desgraciadamente hemos visto que los tópicos son difíciles de superar, incluso entre las personas que tienen gato, por lo que el gato sigue corriendo el peligro de ser menospreciado y de representar un elemento divisorio entre quienes lo querrían libre y aquellos que preferirían tenerlo encerrado en casa. Ocupados con nuestros pensamientos esquizofrénicos, corremos el riesgo de no apreciar la alteridad felina respecto de la canina, porque todavía con demasiada frecuencia se considera al perro «útil», y al gato, «inútil aprovechado».

Los perros y gatos que viven bajo el mismo techo nos enseñan que pueden integrarse muy bien entre ellos y con nosotros. Unos colegas de las universidades de Perugia y Pisa han realizado un estudio mediante un cuestionario en el que se recogen las opiniones de 1.270 personas que tienen un perro y un gato, y los resultados confirman que la mayoría de estas convivencias son pacíficas y que, aunque perros y gatos hablen idiomas distintos, esta cohabitación los lleva a conocerse y entenderse mejor.

Los perros son más propensos al contacto con desconocidos y juegan más con sus humanos que los gatos, lo que confirma que, aunque convivan y a menudo crezcan juntos, cada uno conserva, como es lógico, su propia naturaleza, de la que podemos disfrutar plenamente aun observando sus diferencias. Pero, entonces, ¿los dos enemigos mortales ya no existen? ¿Piolín y Silvestre han hecho las paces para siempre?

No exactamente. La convivencia es más fácil si los dos crecen juntos, pero hay que tener cuidado si uno u otro no ha convivido nunca con la otra especie. Mi Richard no soportaba a los gatos, a los que solo veía como presas que había que matar; Geppo ha aprendido a respetarlos aunque no ha llegado a socializar con ellos, y Pako los busca furiosamente por toda la casa, ¡aunque solo sea al oír un maullido por el móvil! No olvidemos que hay razas de perros con un fuerte componente depredador en su ADN, aunque muchas veces lo que prevalece es la personalidad de cada uno. Hasta he visto perros de caza que se han acostumbrado a dormir con un gato que repentinamente llega a casa. Nunca digáis nunca: pedid consejo y ayuda si queréis llevar un gato a una casa donde ya vive un perro o viceversa.

Aunque sean domésticos, los perros y los gatos tienen una naturaleza que hay que descubrir y respetar, y dejar que se exprese. Como digo siempre, nadie nos obliga a vivir con un gato (o un perro), pero si decidimos hacerlo, debemos mantener la mente y el corazón abiertos al descubrimiento del otro, sin importar que sea cachorro, adulto o anciano: un gato adoptado os sorprenderá siempre con su juego desenfrenado y sus emboscadas de gran depredador, os hará reír y os distraerá de los pensamientos y preocupaciones cotidianos, relajándoos mientras lo acariciáis, bajándoos el ritmo cardíaco y la presión arterial.

No olvidemos que, a pesar de su habilidad, fuerza e independencia, un gato que ha nacido y se ha criado en casa no puede sobrevivir solo en un entorno desconocido e inhóspito como la ciudad o el campo, donde nunca ha puesto los pies, y que abandonarlo no solo es un delito penado por la ley, sino una crueldad. El gato no tiene siete vidas, no se las arregla con todo, no prescinde de nosotros: el gato doméstico es uno de nosotros y con nosotros debe estar.

Y ahora, haceos un regalo: acoged en casa a este huésped excepcional, que viene de una tierra lejana trayendo consigo su recuerdo y hábitos de vida; adoptad un gato, las protectoras están llenas de animales que solo esperan un sofá y una manta donde dormitar y un humano al que despertar al amanecer amasando su espalda. Los voluntarios tienen cientos de adorables gatitos de todos los colores que nacen porque una buena parte de la humanidad es irresponsable e insensible y deja que las gatas no esterilizadas se reproduzcan sin control ni ayuda.

Para saber más

A continuación aconsejo algunas lecturas para todo el que quiera profundizar en uno o varios de los temas tratados en este libro, aunque pocas de ellas se han publicado en nuestro idioma. Empezamos con un texto muy ameno e informativo sobre la domesticación de animales y plantas y cómo este proceso influyó en el destino de nuestros antepasados: Jared Diamond, *Guns, Germs, and Steel: The Fates of Human Societies* (1999), traducido al español en 2004, *Armas, gérmenes y acero: breve historia de la humanidad en los últimos trece mil años,* Barcelona, Debate. Para ampliar los conocimientos sobre los animales domésticos recomiendo otros dos textos: el primero, de Richard C. Francis, *Domesticated. Evolution in a Man-Made World* (2015), traducido al español en 2019, *En manos humanas: el papel de la domesticación en la evolución de las especies,* Barcelona, RBA Libros; el segundo es el clásico *A Natural History of Domesticated Mammals* de Juliet Clutton-Brock (1999).

Las fuentes consultadas para el primer capítulo sobre el origen del gato doméstico son exclusivamente artículos científicos en inglés, y a la mayoría de las revistas científicas solo pueden acceder los suscriptores. Por ello, y debido a la vertiginosa avalancha de nuevos datos, solo indico algunos artículos que resumen bien los descubrimientos más recientes. Algunos están publicados en revistas de libre acceso y otros pueden encontrarse utilizando un motor de búsqueda como Google Scholar, que indica si hay pdf disponibles. Comenzamos con C. A. Driscoll, J. Clutton-Brock, A. C. Kitchener y S. J. O'Brien, «The taming of the cat», *Scientific American,* 300(6), 2009, pp. 68-75 (la versión no definitiva se puede consultar en acceso abierto en la página www.ncbi.nlm.nih.gov/pmc/articles/PMC5790555/); continuamos con el fundamental C. A. Driscoll *et al.,* «The near eastern origin of cat domestication», *Science,* 317(27), julio de 2007, www.sciencemag.org; y para conocer los últimos descubrimientos en el campo de la paleogenética de nuestro gato recomiendo C. Ottoni *et al.,* «The palaeogenetics of cat dispersal in the ancient world», *Nature Ecology & Evolution,* 1, 0139, 2017, doi: 10.1038/s41559-017-0139, www.nature.com/natecolevol.

Para los temas tratados en el segundo capítulo aconsejo el libro de Jaromin Malek sobre el gato en el antiguo Egipto, muy bien ilustrado, publicado por British Museum Press en 1993: *The Cat in Ancient Egypt.* Y para saber hasta qué punto el gato era más o menos apreciado en el mundo antiguo recomiendo el valioso texto, en italiano, de Claudio Salone, *Sul limite: il gatto al tempo dei Greci e dei Romani,* Turín, Robin, 2017. Si bien fue publicado en 1977, sigue siendo muy interesante el artículo de Neil Todd, «Cats and commerce», *Scientific American,* 237(5), pp. 100-107. Sobre el desarrollo de las razas de gatos domésticos véase L. A. Lyon y J. D. Kurushima, «A short natural history of the cat and its relationship with humans», *The Cat: Clinical Medicine and Management,* S. Little (ed.), St. Louis, Elsevier-Saunders, 2012.

Para los temas tratados en el tercer y cuarto capítulos disponemos de varios libros, que revelan el comportamiento de los gatos: desde la sociabilidad intraespecífica hasta la que tienen con los seres humanos; desde el desarrollo hasta las capacidades cognitivas. Dos textos en inglés tratan diversos aspectos de la vida y el comportamiento de los gatos domésticos. El primero recoge capítulos escritos por varios expertos: D. C. Turner y P. Bateson (eds.), *The Domestic Cat. The Biology of Its Behaviour,* Cambridge, Cambridge University Press; hay tres ediciones (1998, 2000, 2014) con contenidos distintos: la primera y la segunda contienen un valioso capítulo sobre la sociabilidad del gato escrito por Eugenia Natoli; en la tercera edición se ha limitado este aspecto para dar más espacio a la relación con los seres humanos desde distintos puntos de vista y desarrollar los temas del bienestar y el control de la población. Un libro similar es J. W. S. Bradshaw, R. A. Casey y S. L. Brown, *The Behaviour of the Domestic Cat,* 2.ª ed., Wallingford, CABI Publishing, 2012, que abarca desde las características físicas del gato hasta su desarrollo, el comportamiento depredador y de juego y el bienestar, para terminar con un capítulo sobre las conductas no deseadas. Y aquí os dejo dos textos muy distintos entre sí, pero ambos interesantes: *Noi Gatti,* de Eugenia Natoli (Milán, Mondadori, 1991), puede resultar difícil de encontrar, ¡pero merece la pena! Lleno de bellas fotografías, abarca todos los aspectos de la vida del gato contados con ligereza a partir de una base científica muy sólida. ¡Un «tesoro» que espero que podáis encontrar! El segundo está escrito por Stephen Budiansky, un periodista científico conocido por otros textos sobre animales, *La naturaleza de los gatos: orígenes, inteligencia, comportamiento y astucia del Felis silvestris catus,* Barcelona, Paidós Ibérica, 2003 (título original: *The Character of Cats,* 2002). Además, Eugenia Natoli acaba de publicar junto con dos colegas una reseña en inglés en una revista científica de acceso libre que recomiendo encarecidamente: «Coexistence between Humans and "Misunderstood" Domestic Cats in the Anthropocene: Exploring Behavioural Plasticity as a Gatekeeper of Evolution», *Animals,* 12(13), 2022, p. 1717, doi.org/10.3390/ani12131717.

Para los temas tratados en el quinto capítulo me gustaría recomendaros dos textos que desgraciadamente solo se encuentran disponibles en inglés: P. P. Marra y C. Santella, *Cat Wars. The Devastating Consequences of a Cuddly Killer,* Princeton, Princeton University Press, 2006, que cuenta la génesis del debate sobre gatos libres sí o no y ofrece muchos ejemplos del impacto que estos pequeños depredadores tienen en la vida salvaje. Es un libro interesante, lleno de información y elementos de reflexión. Los autores defienden la tesis de que a los gatos domésticos también hay que vigilarlos de cerca, y puede que no estéis de acuerdo, pero vale la pena leerlo. Para una visión general de los problemas de bienestar de nuestros amigos gatos puede ser útil leer la obra de Irene Rochlitz, *The Welfare of Cats,* Dordrecht, Springer, 2005. Aunque ya tiene unos años, es un buen libro que aborda cuestiones relacionadas con el bienestar de los gatos en muchos contextos distintos.

Quienes deseen profundizar en el tema del apego a los animales de compañía encontrarán interesantes reflexiones en el libro de Henri Julius *et al., Attachment to Pets: An Integrative View of Human-Animal Relationships with Implications for Therapeutic Practice,* Gotinga, Hogrefe Publishing, 2013.